HEYNE‹

© Dinah Schmidt

Jörg Schmitt-Kilian, Jahrgang 1953, Kriminalhauptkommissar und ehemaliger Rauschgiftfahnder, arbeitet schwerpunktmäßig in der Drogen- und Gewaltprävention mit Veranstaltungen, Schulungen und Lesungen. Neben erfolgreichen Büchern zu diesen Themen schrieb er ein Rock-Musical sowie die Vorlage für einen Fernsehfilm. Siehe auch www.schmitt-kilian.de

© Micha Riechsteiner

Andreas Niedrig, Jahrgang 1967, begann 1993 nach einem bewegten Leben als Drogensüchtiger mit dem Laufsport. Zwei Jahre später sattelte er auf Triathlon um. 1997 stellte er beim Ironman-Europe in Roth einen neuen Weltrekord des schnellsten Triathlon-Einsteigers auf, womit er in die Spitzenklasse der Langstrecken-Triathleten aufstieg. Bis 2003 war er Profi-Triathlet, musste dann aber aufgrund einer schweren Verletzung seine Karriere beenden. Andreas Niedrig ist gelernter Orthopädiemechaniker und engagiert sich in Projekten zur Vermittlung von Lebenskompetenzen. Für 2007 hat er sein sportliches Comeback geplant. Seine Geschichte wird verfilmt und kommt 2008 in die Kinos. Andreas Niedrig ist verheiratet und hat zwei Kinder. Er lebt im Ruhrgebiet. Siehe auch www.andreas-niedrig.com

JÖRG SCHMITT-KILIAN
ANDREAS NIEDRIG

Vom **Junkie** zum **Ironman**

**WILHELM HEYNE VERLAG
MÜNCHEN**

*... aus dem Schatten der Vergangenheit
zum Glück der Gegenwart
... aus dem Strudel der Abhängigkeit
in den Sog der Weltmeister
... auf dem Weg aus der Suchthölle in den Sportlerhimmel
... von der Spritze an die Spitze*

Mix
Produktgruppe aus vorbildlich
bewirtschafteten Wäldern und
anderen kontrollierten Herkünften

Zert.-Nr. SGS-COC-1940
www.fsc.org
© 1996 Forest Stewardship Council

Verlagsgruppe Random House FSC-DEU-0100
Das für dieses Buch verwendete FSC-zertifizierte Papier
München Super liefert Mochenwangen.

Originalausgabe 06/2007

Redaktion: Theresa Stöhr

5. Auflage
Copyright © 2007 by Wilhelm Heyne Verlag, München,
in der Verlagsgruppe Random House GmbH
www.heyne.de
Printed in Germany 2008
Umschlaggestaltung: Eisele Grafik-Design, München
Umschlagfoto: privat
Satz: Christine Roithner Verlagsservice, Breitenaich
Druck und Bindung: GGP Media GmbH, Pößneck

ISBN 978-3-453-64034-4

Inhalt

Vorwort von Jörg Schmitt-Kilian 9
Vorwort von Andreas Niedrig 17

I Stationen einer Drogenkarriere   19

Mein Leben kehrt zurück 21
Du brauchst im Leben mindestens einen Menschen,
der an dich glaubt 25
Kiffen macht gleichgültig, aber das ist mir egal 32
Erster Kontakt mit LSD – von wegen
»lauter süße Dinge«! 38
Verkokste Lehrjahre 41
Sabine – zwei Chancen hat die Liebe 46
Ihr werdet füreinander da sein – in guten
wie in schlechten Tagen? 51
Der erste Schuss 54
Ende der Familienidylle 62
Heroin – die Spritze sitzt im Kopf 67
Lieber tot als süchtig 69
Ich hatte mehr Angst vor dem Leben als vor dem Tod ... 76
Fixer ist ein »24-Stunden-Job« 79
Der Weg zurück ins Leben 91

II Denn für das Leben ist es nie zu spät! 95
Therapie in der Holthauser Mühle 97
Die Entlassung in die Freiheit 106

III Und das Leben kehrt tatsächlich zurück 109

Ausdauer zahlt sich aus 111
Der Lauf meines Lebens 117
1993: Erster Triathlon 120
1994: Begegnung mit einem Förderer 123
1995: Die Rückenwind-Geckos 125
1996: Europameisterschaft und ein platter Reifen 126
1997: Weltmeisterschaft in Nizza 129
Die Welt blickt auf Roth 131

IV Der Aufstieg in die Top Ten 133

Als Neuling beim Hawaii-Triathlon 135
1998: Triathlon in Antwerpen 138
1999: Dritter in Neuseeland 143
Zerstörte Hoffnung 151

V Vom Ironman zum Medienstar 157

2000: Öffentliche Beichte 159
Der Tag nach dem Blick in den »Spiegel« 164
Nach der ersten TV-Show ist nichts mehr wie davor 170

VI Vom Medienstar zum »Junkie der Nation« 173

Nicht meine Welt 175
Ein Sportler ohne Sponsor ist wie ein Fisch
ohne Wasser 178
2001: Zweiter in Roth 181

11. 9. 2001 – kein Tag wie jeder andere 194
2002: Zweiter in Florida 202

VII Ein drittes Leben auf Krücken? 207

2003: Ständige Schmerzen und Operationen 209
2004: Rekonstruierte Achillessehne 212
2005: Endgültiges Aus für den Triathleten? 215
2006: Neue Qualen in Südafrika 219

VIII Wann fällt der letzte Vorhang auf der Triathlonbühne? 223

Ein letztes Mal in Roth 225
Jeder Abschied ist ein kleiner Tod 227
Blick in die Zukunft 229

Anhang 231

Nachwort von Jörg Schmitt-Kilian 233
Impulse 2007 235
Songtexte aus dem Rock-Musical »Shit« 238
Drogen-Glossar 244
Triathlon-Info 249
Sportliche Erfolge 251
Danksagung von Andreas Niedrig 253

Vorwort von Jörg Schmitt-Kilian

Ich bin glücklich verheiratet; eine Ehe, die das überstanden hat, wird nichts mehr erschüttern können.

Mit diesem Satz beginnt Andreas Niedrig das Tonbandprotokoll für die Aufzeichnung seiner unglaublichen Lebensgeschichte. Einer der besten Triathleten der Welt will anderen Menschen Mut machen, auch in scheinbar ausweglosen Situationen niemals aufzugeben.

Ich als Autor muss ihm konkrete Fragen stellen und kann Andreas die schmerzhaften Rückblicke auf die dunklen Schatten seiner Vergangenheit leider nicht ersparen. Ich begleite ihn auf der Gedankenreise in sein erstes Leben, das mittlerweile lange zurückliegt, ihn aber immer noch emotional sehr aufwühlt. Im vorliegenden Buch lässt Andreas Niedrig seine beispiellose Entwicklung von einer Drogenlaufbahn am Rande der Gesellschaft zu einer Sportlerkarriere im grellen Scheinwerferlicht Revue passieren und schildert bewegende Momente seiner Flucht aus der Drogenhölle in den Sportlerhimmel. Meine Intention ist es, mit großem Respekt vor dem Extremsportler sowie der erforderlichen Sensibilität von einer schicksalsschweren Zeit des seelischen Tiefgangs bis zum Erreichen einer körperlichen Höchstleistung zu berichten, ohne mich dabei auf das Glatteis der reißerischen Unterhaltung zu begeben.

Andreas' Gedanken springen oft zwischen seinen beiden Leben hin und her. Es fällt ihm sichtlich schwer, die Ereignisse chronologisch geordnet zu schildern. Als Konstante hingegen zieht sich die Kraft der Liebe wie ein roter Faden durch die Tiefen und Höhen seines Lebens.

Meine Frau Sabine hat mir zwei Kinder geschenkt. Geschenkt ist der richtige Ausdruck. Zwei Geschenke, die mir den Weg zurück in ein Leben gezeigt haben, von dem ich zu lange abgeschnitten war. Jana hat in ihrer Kindheit zwei ganz verschiedene Väter in einer einzigen Person kennengelernt. Lorenz kennt nur den einen, nämlich den, der ich heute bin.

Die leidvollen Erfahrungen von Andreas spiegeln immer wieder seine innere Zerrissenheit zwischen der Sucht nach der Droge und seiner Liebe zu Sabine und seiner kleinen Tochter Jana wider (Lorenz war damals noch nicht geboren). Die liebsten Menschen auf der Welt waren ihm in jener Zeit zugleich so nah und doch so fern. Die Liebe zu seiner Frau, der starke Antrieb, seiner Tochter ein guter Vater zu sein, und der »lange Atem« seiner Familie waren für Andreas' Ausstieg aus der Drogenszene (überlebens)wichtig. Ohne diese Menschen wäre er heute noch eine der vielen Gestalten, die auf Bahnhofsvorplätzen auf der Jagd nach dem nächsten Schuss herumtigern.

Mit seiner Lebensgeschichte möchte Andreas auch darauf aufmerksam machen, dass Drogenkonsum viele »normale« Familien betrifft, er will diesen Betroffenen, ihren Eltern und allen Personen in ihrem sozialen Umfeld Mut machen, eine Drogenabhängigkeit nicht als unabänderlichen Schicksalsschlag zu betrachten. Diese Biografie wird aufzeigen, dass die Hoffnung in Andreas – selbst in den schlimmsten Krisen – nie ganz abgestorben ist.

Wenn er heute im Rampenlicht des Medieninteresses steht, scheint ihm die Phase seiner Abhängigkeit so fremd, als hätte er sie nie selbst erlebt. Journalisten und Fernsehredakteure berichteten vor seinem »Outing« in unzähligen Artikeln und vielen Fernsehsendungen über seine sportlichen Höchstleistungen. Aber niemand ahnte etwas von seiner Drogenkarriere – ein seltsames Wort für die soziale Verelendung, die Jahre vor seinen sportlichen Erfolgen ihren Verlauf nahm. Andreas' Geschichte liest sich wie eine Story, die ein Drehbuchautor aus Hollywood nicht besser hätte erfinden könnte. Wäre sie nicht tatsächlich so verlaufen, würde man dem Autor sicher eine zu rege Fantasie unterstellen.

Der süchtige Andreas baumelte lange Zeit kraftlos, wie eine Marionette von unsichtbaren Mächten gesteuert, in einer raum- und zeitlosen Parallelwelt. Auf seiner Gedankenreise muss der Spitzensportler seinen außergewöhnlichen Weg vom Loser zum Winner, vom menschlichen Wrack zum körperlichen Energiebündel noch einmal erleiden. Manchmal kann er es selbst nicht glauben, dass beide Leben die seinen sind. Der andere, ihm heute fremde Andreas taucht immer wieder auf: ein Mann, dem er nie mehr begegnen möchte. Jener Andreas war nicht frei, sondern abhängig. Sein unbändiges Verlangen, das Leben in vollen (Haschisch-)Zügen zu genießen, und das Gefühl von Leere und Wertlosigkeit überrollten ihn wie eine Welle und katapultierten ihn in die Abgründe der Drogensucht.

Aber wären seine späteren sportlichen Erfolge überhaupt möglich geworden, wenn er nicht so viele menschliche Niederlagen erlitten hätte? Kann nur derjenige, der so tief gefallen ist, einen solchen Aufstieg schaffen?

Vielleicht bin ich heute gesünder an Herz und Seele und kräftiger in meiner körperlichen Leistungsfähigkeit, als ich es ohne diese Erfahrungen jemals geworden wäre.

Liegt in dieser unterschwelligen Frage nicht auch eine Gefahr verborgen? Könnten potenziell Gefährdete nunmehr glauben, sie müssten ganz unten angekommen sein, um auf ähnliche Art zu triumphieren? Zwei Seelen schlugen in Andreas' Brust: seine Sehnsucht nach der Droge und die nach familiärer Geborgenheit.

Aber beides kannst du nicht haben. Wenn du dich nicht entscheiden kannst, entscheidet irgendwann die Droge für dich. Ab diesem Zeitpunkt bist du kein freier Mensch mehr und die Droge diktiert deinen Tagesrhythmus, dein ganzes Leben bis zum bitteren Ende. Nur ganz wenige schaffen den Ausstieg.

Die Droge sollte seine Sehnsucht nach Menschen, die sich liebevoll um ihn kümmerten, stillen. Aber sein Wunsch nach stabilen Beziehungen wurde nicht erfüllt und so ließ er sich auf ein chaotisches Leben ein. Von der ersten Zigarette über Alkohol, Haschisch, LSD, Kokain und Heroin rauchte, trank, kiffte, sniefte und spritzte Andreas sich bis zur Endstation seiner Sehnsucht, die er selbst mit den Schüssen in seinen Körper nicht mehr stillen konnte. Mit Alk und Zigaretten hatte er die Freundschaft in der Clique gesucht. Nur mit der Kippe im Mund und der Flasche in der Hand hatte er sich stark in seiner Gruppe gefühlt. Das Zusammengehörigkeitsgefühl, wenn er mit den Freunden Haschisch geraucht und geile Musik gehört hatte, war ihm das Wichtigste gewesen. Als ihm das Kiffen langweilig wurde, wollte er »mit Koks die Nase kitzeln« und gut drauf sein. Und schließlich betäubte er mit Heroin seine immer wiederkehrende Angst vor der Zukunft.

Aber genug ist für einen Süchtigen nie genug. Der Hunger wird nie gestillt. Andreas wurde immer gieriger auf der Jagd nach neuen Drogenmixturen, jenen Cocktails, die ihm endlich das geben sollten, wonach er suchte.

Aber wie kann man etwas finden, wenn man nicht weiß, was man sucht? Ich habe nichts gefunden, hätte allerdings fast mein Leben verloren.

Andreas steigerte seinen Konsum schließlich ins Unermessliche – ohne jemals wirklich gesättigt zu werden. In dieser Phase seines Lebens hat er nur noch gelitten. Er vegetierte in einem Zustand dahin, der den Namen »Leben« seiner eigenen bitteren Erfahrung nach nicht verdient. Niemand versteht, wie man sich so etwas antun kann, nicht einmal der Junkie selbst. Aber nur er erfährt, im wahrsten Sinne des Wortes »hautnah«, wie schwer es ist, sich aus den Klauen der Droge zu befreien, die einen immer wieder hinabzieht in die Wogen der süchtigen Flut. Es fällt dem Gestrauchelten zunehmend schwerer, seinen Arm einer helfenden Hand entgegenzustrecken, die ihn aus dem Strudel herausreißen könnte. Wenn es denn eine helfende Hand gibt ... Andreas hatte das große Glück, dass sich ihm genügend Hände ontgegenstreckten

Nach dem Erwachen aus diesem Albtraum kämpfte er sich innerhalb kürzester Zeit an die sportliche Weltspitze. Das Kämpfen hatte er auf der Szene gelernt. Immer wieder sucht er in unseren Gesprächen nach den Ursachen dieser erstaunlichen Entwicklung, erahnt Zusammenhänge in seinen beiden Lebenslinien, aber die wahren Hintergründe bleiben ihm vermutlich für immer verborgen.

Ich bin immer noch ich. Auch wenn ich auf der Flucht aus dieser Zeit viele Kratzer an meiner Persönlichkeit hinnehmen musste.

Der helle Schein der sportlichen Siege überlagert heute die Schatten der Vergangenheit. Andreas spürt auf seiner Reise in die Erinnerung immer deutlicher das Leben, das er in seiner in Nebel eingehüllten Scheinwelt so lange vermisst hatte. Er ist sich aber auch heute noch dessen bewusst, dass sein Weg noch nicht zu Ende ist. Denn ein Süchtiger bleibt immer süchtig. Selbst wenn er über sich selbst hinauswächst wie Andreas in seiner sportlichen Karriere – auch wenn sie für manche nichts anderes als eine Suchtverlagerung ist. Der stabile Boden, auf dem er sich heute bewegt, zeigt ab und zu Risse. Manchmal spürt er noch die kleinen Erdbeben in seiner Seele, auch wenn sein Körper dies nicht immer widerspiegelt.

Wo suchte Andreas das Glück dieser Welt? In jedem Schuss, der ihn herauskatapultierte aus der Realität in seinen sanften Wattebausch, der ihn vor der »grausamen Wirklichkeit« schützen sollte und ihm Schonzeit »vor dem Leben da draußen« versprach? In unseren Gesprächen fügen sich seine schwarzen Zeiten zu lebendigen Wirklichkeiten zusammen.

Doch schließlich wollte er sich nicht länger verstecken und kehrte wie ein verlorener Sohn nicht nur zu seinem Vater, sondern in das Leben zurück. Der Weg zurück führte ihn auf einer abenteuerlichen Reise zu den Dingen des Lebens, die für ihn wirklich zählen. Er verzichtete auf die Droge und wurde so vom Verlierer zum Gewinner. Denn Leben heißt unabhängig und frei sein.

Andreas hat seinen Weg nach einer Odyssee im Drogendschungel gefunden. Leider gelingt dies vielen suchtkranken Menschen nicht, denn die meisten haben keine »Begleiter« in ein unabhängiges Leben. Dabei brauchen junge Menschen unsere Liebe gerade dann am meisten, wenn sie sie »am wenigsten verdienen«.

Dieses Buch begleitet Andreas auf der Reise zurück auf den dunklen Kontinent seiner Seele. Selbst unbekannte Schluchten auf diesem Kontinent machen ihm heute keine Angst mehr. Immer wieder taucht die zentrale Frage auf: Wo lagen die Meilensteine für die Suchtauslösung? Liegt das Geheimnis in seiner Kindheit verborgen? Und was hatte er im Unterschied zu anderen Drogenabhängigen seiner Suchterkrankung entgegenzusetzen, da er sie schließlich doch überwinden konnte?

War es die stille Revolution seines Körpers *(So geht es nicht weiter!)*, das Flehen seiner Seele *(Ich will hier raus!)* oder seine Angst vor der Zukunft *(meine ständige Angst, die liebsten Menschen auf der Welt für immer zu verlieren ...)*, die ihm die Kraft gaben, sein Leben zu verändern? Was spornte ihn zu körperlicher Hochleistung an und vermittelte ihm immer wieder das Gefühl, noch nicht sein Letztes gegeben zu haben?

Das Aufblättern seiner Geschichte kann anderen vielleicht helfen und in den Köpfen und Seelen der Menschen etwas verändern. Ob Andreas irgendwann befriedigende Antworten auf die eigene zwiespältige Natur finden wird? Vielleicht findet der interessierte Leser seine eigene Antwort, wenn er diese unglaubliche Lebensgeschichte gelesen hat.

Jörg Schmitt-Kilian, im Januar 2007

Vorwort von Andreas Niedrig

Im Jahre 2000 hat Jörg Schmitt-Kilian anhand von Tonbandaufzeichnungen erstmals meine Lebensgeschichte niedergeschrieben, das Buch hieß auch damals »Vom Junkie zum Ironman«. Wirklich glücklich waren meine Frau Sabine und ich mit der Veröffentlichung jedoch nicht.

Wie der Titel des Buches es sagt, war ich ein Junkie, wurde dann aber zum Ironman. Ich habe damals über den Sport versucht meine Vergangenheit zu verdrängen, durch meine sportlichen Erfolge wurde mir aber klar, dass ich nicht die übliche Geschichte eines Sportlers zu erzählen hatte.

Bei meinem ersten Ironman brach ich den Weltrekord des schnellsten Ironman-Einsteigers weltweit. Die Medien wurden auf mich aufmerksam und hinterfragten meine Vergangenheit.

Ich bat Jörg Schmitt-Kilian, meine Lebensgeschichte aufzuschreiben, bevor die Medien sie an die Öffentlichkeit bringen würden. Damals habe ich mich für meine Vergangenheit geschämt. Ich habe meine Frau, meine Tochter, meine Eltern und meine Freunde belogen und betrogen. Ich war kriminell und hätte für den nächsten Schuss Heroin alles getan.

Jörg Schmitt-Kilian hat es geschafft und verstanden, über meine Vergangenheit so zu schreiben, dass ich heute die Stärke habe, meine Geschichte selbst zu schreiben. Über das erste Buch habe ich gelernt, dass meine Lebensgeschichte nicht allein die eines Junkies ist, der in der Gosse lag.

Seit nun mehr als vier Jahren habe ich verschiedene Projekte ins Leben gerufen, mit denen ich jungen wie auch älteren Menschen vermittle, wie wichtig es ist, sich im Leben immer wieder neue Ziele zu setzen. Ich zeige, dass Menschen ohne Ziele sich sehr schnell verlaufen können, aber andererseits ein Ziel ohne Kraftanstrengung, Ausdauer und Mut nur schwer erreichbar ist. Jörg Schmitt-Kilian hat mir geholfen, mein neues Buch zu berichtigen, zu ordnen, und hat es mit seinem Fachwissen in vielen Bereichen so ergänzt, dass dieses Buch für mich etwas ganz Besonderes wurde. Er hat es geschafft, mich mit immer neuen Fragen an Dinge zu erinnern, die ich schon lange verdrängt hatte. Dieses Buch aber ist nicht allein die Geschichte des Junkies und des Ironmans, denn in meinem Leben hat sich vor allem in den letzten Jahren noch viel mehr ereignet.

Ich freue mich über Ihr Interesse an meiner Geschichte und wünsche Ihnen auch den Mut, an sich zu glauben und Ihre Träume zu verwirklichen.

Andreas Niedrig, im Februar 2007

Stationen einer Drogenkarriere

Mein Leben kehrt zurück

Die grelle Nachmittagssonne brennt auf sein blasses Gesicht. Er rennt sich auf dem schmalen Waldweg die Seele aus dem Leib, als wolle ihn der Teufel höchstpersönlich in jene Finsternis hinunterziehen, in der dieser junge Mann beinahe für immer verschollen wäre. Seine wachen Augen verfolgen den »alten Mann«, der wenige Meter vor ihm läuft.

Immer wieder brennen die Sonnenstrahlen schmerzhafte Erinnerungen in den ausgemergelten Körper des jungen Waldläufers. Als hinter der nächsten Abzweigung die Sonne einen Schatten vor ihm aufbaut, grinst ihn vor seinem geistigen Auge ein Gesicht an. Bilder der Vergangenheit tänzeln im Laufrhythmus vor ihm her, wollen ihn zurückholen in jene Zeit, vor der er davonrennt. Er erinnert sich an Phasen seines Lebens, die er niemals mehr durchmachen möchte.

Aber das Verdrängen fällt ihm schwer. Immer wieder taucht dieses Gesicht auf. Der Feind in seinem Körper. Die Gesichtszüge verzerren sich zu einer Fratze. Die Fratze grinst ihn an. Er sieht sein eigenes Gesicht wie in einem Spiegel vor sich, weigert sich aber, es zu erkennen. Er spürt den Taumel. Das Summen in seinen Ohren dröhnt immer lauter. Sein Kopf scheint zu explodieren. Die Bäume bewegen sich in Zeitlupe. Und dann hört er sie. Sie sind wieder da. Plötzlich und unerwartet: Die verzerrten Stimmen seiner Vergangenheit erwachen wieder zum Leben. Inmitten der Stille des Waldes mischen sich mit dem Rauschen der Bäume verschiedene Stimmen zu bedrohlichen Rufen.

»Hey, Junkie!«
»Brauchst du was?«
»Heroin, Kokain. Was du willst!«

Bedrohlich nahe dröhnen die grellen Stimmen der Dealer in

seinen Ohren, übertönen die Gegenwart und beamen ihn gedanklich aus der Realität in jene Zeit, die auch zu seinem Leben gehört. Genauso wie der Tod.

Es gab eine Zeit, da hatte er mehr Angst vor dem Leben als vor dem Tod. Das Grauen in der Tiefe seines seelischen Ozeans und die Schmerzen der Vergangenheit bedrohen ihn immer noch: jetzt, im Jahr eins nach der Sucht.

Fast wäre er ertrunken im Meer seiner verlorenen Träume. Immer wieder fragt er sich, welche Sehnsucht noch in seinem Innersten verborgen ist. Die längst versunkene Lebensphase taucht wieder auf. Schweißperlen tropfen von seinem Gesicht auf den weichen Waldboden. Atemlos läuft er dem alten Mann und seinem eigenen jungen Leben hinterher. Ist es die Angst vor dem unsichtbaren Verfolger oder der drängende Wunsch nach körperlichem Wohlbefinden, dass er solche Kräfte mobilisieren kann, die er längst verloren glaubte?

Hinter der nächsten Kurve scheinen die Sonnenstrahlen wieder in sein Gesicht, die Schatten verfolgen ihn jetzt von hinten. Genauso wie die Gedanken. Die Vergangenheit heftet sich wie eine Klette an seine Fersen. Sie ist präsent und lässt ihn eine tragisch durchlebte Zeit seines noch jungen Lebens Revue passieren. Fast hätte er den Sprung zurück ins lebenswerte Menschsein nicht mehr geschafft. Er spürt seinen großen Nachholbedarf an Leben, läuft schneller und erahnt am blauen Horizont seine verdrängten Sehnsüchte, seine betäubten Gefühle und seine verborgenen Träume. Er träumt von einem gesunden Leben in der Geborgenheit einer glücklichen Familie und möchte sich nie mehr dem Einfluss einer unsichtbaren Macht beugen. Es war ein menschenunwürdiges Dasein, in dem er sich schon aufgegeben hatte. Auf diesem Waldlauf wird der Film seiner Vergangenheit in Andreas' Kopf abgespult.

Da packt mich der Ehrgeiz. Ich will es diesem »alten« Mann zeigen, obwohl ich ihm hinterherhechle wie ein erschöpfter fettleibiger Hund, der seinem sportlichen Besitzer folgen will. Irgendwie ahne ich, dass ich auf dem besten Weg zurück in ein anderes Leben bin. Während des Laufs reißen zwar alte Wunden aus süchtigen Tagen auf, aber der Schmerz der Erinnerungen gibt mir die Kraft zum Weiterlaufen. Dieser Waldlauf mit meinem Vater ist die entscheidende Wende in meinem Leben.

Vor einer Stunde noch hat er mich tierisch genervt: »Komm mit in den Wald, du schlapper Kerl. Lass uns ein wenig laufen.« Wir hatten eigentlich zehn Kilometer geplant, aber daraus werden siebzehn, weil er sich verlaufen hat. Angeblich. Dabei kennt er jeden Stein auf diesem Waldweg. Ich glaube ihm nicht.

Nach dem Lauf spucke ich tierische Brocken. Ich bin starker Raucher und habe in den letzten Jahren keinen Sport mehr getrieben. Aber dieser Tag ist der Meilenstein in meinem Leben, ein kleiner, aber wichtiger Schritt in die Zukunft. »Es kann nicht sein, dass dich ein alter Sack so abzieht und dann lacht, als wäre nichts gewesen, als sei er gemütlich durch den Wald spaziert«, denke ich, total erledigt.

Das Herz schlägt mir bis zum Hals. Ein Pressluftbohrer hämmert in meinem ganzen Körper und es vibriert in meinen Schläfen. Diese Zustände sind mir nicht unbekannt. Ich habe sie schon oft erlebt, aber früher waren andere Dinge die Ursache für diese Erregung. Ich spüre die Hitze meines Atems und gleichzeitig friere ich wie beim Drogenentzug. Aber ich weiß, dass ich dieses Gefühl selbst produziere und kein fremder Stoff, der von meinem Körper Besitz ergreifen will, um ihn in den Strudel der Abhängigkeit hinunter zureißen.

Ich spüre es wieder. Das Leben in mir. Dabei war ich dem Tod schon so nahe, hatte schon die erste Bekanntschaft mit dem Sensenmann gemacht.

Vor nicht allzu langer Zeit lag Andreas noch auf dem staubigen Boden seiner Abhängigkeit, unfähig, sich zu bewegen. Seine Glieder waren schwer wie Blei, und leere Augen blickten hilflos in eine Welt, die parallel neben der seinen existierte. Er lebte am Leben vorbei und wollte sterben. Immer mehr verstrickte er sich in ein Netz voller Lügen, belog sich selbst und andere, besonders die Menschen, die er über alles liebt. Aber seine Gier nach dem wirklichen Leben ist heute stärker als alle Ängste, die ihn immer wie ein gehetztes Tier vor sich her getrieben haben.

Mein Traum heißt Leben. Ein Leben ohne dieses Gift ist Wirklichkeit geworden. Ein Leben, nach dem ich mich immer wieder gesehnt habe. Es grenzt fast an ein Wunder, dass ich noch auf dieser Erde bin. Heute soll ein weiterer Sprung in mein neues Leben gelingen. Ich muss es packen, denn ich habe sie wiedergewonnen, die unbeschreibliche Lust am Leben.

Andreas betrachtet den »Lauf seines Lebens« ohne Zorn und Reue und kostet die Tragik seines Schicksals in einer schwierigen Phase als Triumph aus. Aus den Erinnerungsfetzen seiner ruhmlosen Vergangenheit setzt er in unserem Gespräch wie in einem Mosaik nach und nach wieder ganze Bilder zusammen. Die Bilder schmerzhafter Erinnerungen werden wach, führen ihm unbarmherzig vor Augen, was er in seinen Jahren »auf Drogen« versäumt hat. Vor seinem geistigen Auge läuft wie ein düsterer Film sein erstes Leben ab.

Du brauchst im Leben mindestens einen Menschen, der an dich glaubt

Ich bin als ein Kind des Ruhrgebiets aufgewachsen, in einer Zeit, als die Schornsteine der Zechen noch qualmten. Meine Heimatstadt Oer-Erkenschwick hatte damals 24 000 Einwohner, die meisten lebten vom Bergbau. Meine Kindheit ist eine Zeit, an die ich mich gerne zurückerinnere.

Mein Opa, der unter Tage arbeitete, kehrte wie viele andere schwer arbeitende Männer abends stets mit schwarzen Rändern unter den Augen von der Schicht zurück. Doch bevor die Bergarbeiter nach Hause gingen, war es üblich, dass sie nach ihrer schweren Arbeit an der Kohle erst einmal an einer Bude ein Bier tranken und über ihre Arbeit sprachen. So sah man an vielen Ecken Hunderte von Bergleuten, die auf der Straße standen und ihr Bierchen tranken.

Meine Oma, die nur wenige Meter von uns entfernt wohnte, traf ich jeden Tag am geöffneten Küchenfenster. Ein Kissen lag auf ihrer Fensterbank, denn es war üblich, sich auf ein Kissen zu lehnen und sich vom Fenster aus mit den Nachbarn oder vorbeilaufenden Menschen zu unterhalten. War sie gerade mal mit der Hausarbeit beschäftigt, klopfte ich ans Fenster, und schon kam sie, um mir eine Tafel Schokolade zu geben und mit mir vom Fenster aus zu sprechen. Sie beklagte sich immer wieder über die dreckigen Fenstergardinen. Der Kohlenstaub lag eben ständig in der Luft.

Die Nachbarn meiner Oma waren türkischer Abstammung und wir hatten ein sehr gutes Verhältnis zu ihnen. Viele Türken kamen damals nach Deutschland, um bei der Arbeit unter Tage zu helfen.

Sehr viel spielte sich damals auf den Straßen ab. Fernsehen gab es tagsüber nicht und so mussten sich die Menschen mit sich selbst beschäftigen. Auch Autos gab es nur wenige und so wurde ich auf der Straße groß. Wir spielten auf der Straße Fußball, und wenn doch einmal Auto kam, stellten wir unsere selbst gebauten Tore weg, grüßten den Autofahrer, der völlig entspannt an uns vorbeifuhr, und spielten danach weiter.

Spielten wir kein Fußball, gab es tausend andere Möglichkeiten, sich zu beschäftigen: Räuber und Gendarm, Verstecken, Fangen, Buden bauen, Rad fahren und vieles mehr. Nach der Schule trafen wir uns draußen, um Spaß zu haben. Wenn es abends nach Hause ging, war ich immer pottdreckig, hatte die ein oder andere Schürfwunde mehr und das eine oder andere Loch in meiner Hose.

Ich hatte eigentlich eine schöne Kindheit und bemerkte nicht, dass mir als Kind doch eins fehlte. Was das war, erfuhr ich erst in meiner Therapie; als Kind fängt man nicht an, sein Leben zu hinterfragen. Für ein Kind ist alles, was es erlebt, erst einmal normal und so hinterfragte ich unsere familiäre Situation damals nicht. Schon als Kleinkind bin ich aufgrund familiärer Probleme mit mir und meinen Bedürfnissen oft allein geblieben. Um welche Probleme es sich dabei handelte, möchte ich aus Liebe zu meinen Eltern und Respekt vor ihnen hier nicht erzählen.

Wir waren eine Familie, wie man sie sich vorstellt: Meine Mutter war Hausfrau und mein Vater ein ziemlich hohes Tier bei der Polizei. Meine Schwester, die viele Menschen heute durch die TV Serie *Niedrig und Kuhnt* kennen, ist vier Jahre älter als ich, doch wir hatten damals nur wenig miteinander zu tun. Auch wenn wir nach außen eine intakte Familie darstellten, waren wir durch unsere großen Probleme leider nicht in der Lage, familiäre Konflikte untereinander auszutragen. Dadurch lagen immer so viele Schwierigkeiten in der Luft, dass ich schon sehr früh lernte, Konflikte nicht auszutragen, sondern sie einfach zu übersehen. Es tat mir weh, dass durch unsere Probleme meine Bedürfnisse nicht wahrgenommen wurden, und so lernte ich unbewusst meine Gefühle zu unterdrücken. Ich rannte immer lachend durch die Welt, fühlte mich dabei aber eigentlich traurig und allein. Unbewusst schlüpfte ich in eine Rolle, die mir nicht gut tat, denn dadurch wurde ich von meinen Mitmenschen mit meinen Gefühlen und vor allem meinen Bedürfnissen nicht wahrgenommen.

Ohne es zu spüren, tat sich ein Loch in meinem Gefühlsleben auf, das ich nicht mehr stopfen konnte, und irgendwann entwickelte ich eine Taktik, um Aufmerksamkeit zu erregen. Ich sehnte mich nach echter Liebe und aufrichtiger Zuneigung. Da ich sie zu Hause nicht fand, suchte ich sie bei anderen Menschen. Zunächst bei den Kindergärtnerinnen. Meine kindliche Strategie war einfach: Ich spielte den Clown. Die Erzieherinnen und andere Menschen in meinem sozialen Umfeld fanden es anfangs noch lustig, und ich hatte das Gefühl, dass sie mich alle gern hatten. Dieses Gefühl betrachtete ich als Bestätigung meiner Taktik und glaubte, so könne das Leben funktionieren. Ich dachte, das wäre das Glück, das ich suchte.

Doch meine ständige Suche nach Aufmerksamkeit überforderte irgendwann die Menschen, die ich umgarnte. Ich merkte lange Zeit nicht, dass ich nur noch nervte. Immer häufiger hatte ich Angst, dass die Clown-Nummer nicht mehr funktionierte. Deshalb versuchte ich auf andere Weise, Aufmerksamkeit zu erregen. Ich lernte schnell, dass man nur Scheiße bauen muss, damit sich die anderen um einen kümmern.

Einige Kindergärtnerinnen waren plötzlich der Meinung, ich wäre mit meinen fünf Jahren so intelligent, dass ich schon eine Schule besuchen könnte. Der wahre Hintergrund: Sie wollten das Problemkind entsorgen. Ich war nicht intelligent, sondern einfach nur nervig. Die Erzieherinnen wollten mich loswerden. Sie trauten sich natürlich nicht, den wahren Grund zu nennen, aber ich spürte, dass man mir nun auch hier die Zuneigung verwehrte, die ich so dringend benötigte. Aber das schien niemanden zu interessieren.

Und es kam, wie es kommen musste: Mein Schulanfang war die reine Katastrophe und zum Scheitern verurteilt. Ich war zappelig und konnte mich keine fünf Minuten am Stück konzentrieren. Aber ich konnte auch nicht wieder zurück in den Kindergarten. Ich hatte das Gefühl, dass mich keiner wollte, ich nur weitergereicht wurde. Unsere familiäre Situation erschien mir immer dramatischer.

Mit sechs Jahren begann meine erste sportliche Karriere. Ich kämpfte auf der Judomatte mehr aus Spaß und verschwendete keinen einzigen meiner kindlichen Gedanken an sportliche Leistung. Wenn man das ganze Leben noch vor sich hat und den Ernst des Lebens nicht so ernst nimmt, wie Erwachsene es gerne möchten, kann man Spaß am Sport haben.

Ich hatte nie das Ziel eines Erfolgs vor Augen. Aber unser Trainer war ein kämpferisch verbohrter Erwachsener und legte größten Wert auf sportliche Leistungen. Ob seine »Schützlinge« auch Spaß hatten, interessierte ihn nicht. Da ich nach Meinung des Trainers nicht den notwendigen Ernst für die Sache entwickelte, blieb ich nicht lange auf der Matte und wechselte zum Schwimmverein. Hier trainierten wir Kinder just for fun und wurden nicht auf Bestzeiten getrimmt.

Vielleicht war gerade der Spaß mein Antrieb, entsprechende Leistungen in dieser Disziplin zu erbringen. Ich war bereits nach kurzer Zeit Mitglied des westdeutschen Kaders und nahm an Deutschen Meisterschaften teil. Der

Schwimmtrainer prophezeite mir eine sportliche Karriere. »Körperlich bist du sehr stark. Du hast das Talent für einen großen Sportler!«

Die Prognose des Trainers klang wie Musik in meinen Ohren, sollte sich aber erst viel später – nach einer langen Phase einer ungesunden und absolut unsportlichen Lebensweise – bewahrheiten. Aber davon ahnte ich damals noch nichts. Gott sei Dank.

In der Grundschule war ich der anstrengendste Schüler, und die Lehrer waren froh, dass sie mich nur vier Jahre ertragen mussten. Ich wechselte zur Realschule. Obwohl sich dort die Lehrer mit dem Problemkind wirklich Mühe gaben, machte ich nur Unsinn und wurde fast jeden Tag ins Klassenbuch eingetragen. Die Reaktion im Elternhaus war klar: intensive Aufmerksamkeit meines Vaters. Aber nicht so, wie ich es mir gewünscht hätte. Es hat nur noch geknallt.

Da ich ständig den Unterricht störte, wurde mein Vater immer wieder in die Schule zitiert. Ich fand mich in der neuen Gemeinschaft nicht zurecht. Dann musste ich in der sechsten Klasse eine Ehrenrunde drehen und hatte noch weniger Lust zum Lernen.

Den einzigen wirklich positiven Kontakt hatte ich zu diesem Zeitpunkt nur noch im Schwimmverein. Wir waren ein starkes Team: vier gute Schwimmer und ein Trainer, mit dem wir uns super verstanden. Unser erstes gemeinsames Erfolgserlebnis: Die Teilnahme an der Deutschen Meisterschaft. Der Teamgeist hat mich im wahrsten Sinne des Wortes trotz allen Ärgers in der Schule über Wasser gehalten.

Doch irgendwann wechselte unser Trainer seinen Beruf und konnte nicht mehr für uns da sein. Er hatte uns verlassen. Ja, genauso habe ich es damals empfunden. Ich fühlte mich verlassen. Das war ein entscheidender Punkt in meinem Leben. Als auch noch zwei Freunde die Staffel verließen, hatte ich kein Interesse mehr am Schwimmtraining.

Da ich die sechste Klasse der Realschule auch beim zweiten Versuch nicht schaffte, musste ich auf die Hauptschule. Hier herrschte ein Klima der Gewalt, das ich davor noch nicht gekannt hatte. In den Pausen kam es immer wieder zu Schlägereien und das ganze Schulhaus kam mir schmutzig und unordentlich vor. Ich habe die Schule wirklich total verdreckt in Erinnerung. Und den Lehrern war auch alles egal. In diesem Klima konnte nichts gedeihen außer Gewalt und Drogenkonsum.

In der Hauptschule suchte ich schon früh Kontakt zu den Rauchern. Bereits die erste Zigarette vermittelte mir das Gefühl, nicht allein zu sein. Ich konnte mich hinter der Zigarette mit coolem Gehabe verstecken und mich manchmal sogar an sie klammern. Wie an eine Rettungsweste, die einen Ertrinkenden vor dem Untergang bewahrt. In der Gruppe der Raucher wurde ich akzeptiert. Dennoch war da immer eine unbeschreibliche Leere und das starke Gefühl, einsam und allein zu sein. Diese Unsicherheit löste eine starke innere Unruhe in mir aus. Ich verspürte immer wieder den Drang, etwas zu tun, worüber andere lachten.

Dass mein Verhalten oft nur peinlich war, bemerkte ich nicht. Ich war für die anderen der »Sonnyboy«, der lachend durch die Welt schritt. Immer gut gelaunt. Lustig. Tief in meinem Herzen war ich nur traurig. Aber ich hatte anscheinend nie gelernt, meine wahren Bedürfnisse zu benennen oder zu zeigen. Mit der Zigarette verschwand die Einsamkeit. Oder besser gesagt: Der Glimmstängel in der Hand lenkte mich ab und verdrängte meine wahren Gefühle.

Ich war gerade dreizehn, der jüngste Raucher in der Clique und fühlte mich als etwas Besonderes. Über einen Jungen aus der Nachbarschaft fand ich schließlich Zugang zu einer anderen Gruppe, in der die härtesten Schüler waren. Den Kern der Clique bildeten fünf oder sechs Jungen. Die Cliquen-Zugehörigkeit bot Schutz vor den Angriffen anderer Mitschüler, die sich nicht trauten, einen von uns zu schlagen, zu drangsalieren oder auf andere Art fertig zu machen.

Ich fühlte mich sehr wohl, als ich in diese Gruppe aufgenommen wurde. Die Jungs akzeptierten mich, und das stärkte mein Gefühl, etwas wert zu sein. Nach den Misserfolgen in der Schule hatte ich ja kein starkes Selbstwertgefühl. Aber in dieser Gruppe fühlte ich mich irgendwie unverwundbar, obwohl ich viele Schwachpunkte in mir spürte. Aber hier wurde ich nicht fertig gemacht, sondern akzeptiert, so wie ich war, oder besser gesagt: wie ich mich gab.

An der Hauptschule war ich einer von vielen auffälligen Schülern aus Problemfamilien. Daher musste ich mir immer wieder etwas Neues einfallen lassen, um mich unter all diesen Chaoten hervorzuheben und besondere Aufmerksamkeit zu erlangen. Ich war der Jüngste in der Raucherecke und provozierte Schlägereien mit Größeren, von denen ich aber wusste, dass sie Angst vor meinen »einflussreichen« Freunden aus der Gruppe hatten. Wir tranken immer häufiger Bier, schleppten in den Pausen die Kisten an und schmeckten ab.

Die Hauptschule hätte ich mir, was das Lernen betraf, echt sparen können. Aber die anderen Erfahrungen fand ich damals geil. Das betonen die Eltern und Lehrer doch immer: Du lernst nicht für die Schule, sondern für das Leben. Ich lernte für das Leben, glaubte ich damals zumindest. Im Unterricht passte ich nicht auf, machte keine Hausaufgaben und hatte immer weniger Bock auf Schule.

Kiffen macht gleichgültig, aber das ist mir egal

Wir feierten mit unserer Clique oft in einem Keller. In diesem Partyraum stand eine Musikbox. Das war echt geil: seichtes Licht, laute Musik und der Rauch von unserer Qualmerei. Ich bekam den totalen Kulturschock. So etwas kannte ich bislang nicht. Diese Welt faszinierte mich.

Irgendwann rauchte ich mit den Jungs im Keller zum ersten Mal Haschisch. Eigentlich wollte ich nicht mitkiffen, hatte aber Angst, von den anderen ausgelacht zu werden. Wenn ich mich heute frage, warum ich in den Dauerkonsum eingestiegen bin, finde ich keine richtige Antwort. Vermutlich war ich immer auf der Suche nach irgendetwas, das mir fehlte. Da war ständig das Gefühl, allein zu sein, einsam und verlassen. Irgendwie umgab mich eine Kälte, die ich nicht beschreiben kann.

Beim Haschischrauchen habe ich nie was Besonderes empfunden. Weder dröhnte der Bass tierisch geil durch noch hatte ich eine veränderte Wahrnehmung. Ich kapierte auch nicht, was das Kiffen eigentlich bringen sollte. Aber die Geborgenheit in der Clique und die Gewissheit, mit den Freunden etwas zu erleben, von dem die Alten nichts ahnten, das war der eigentliche Kick. Der Hauch von Abenteuer und Freiheit haute mich mehr um als der würzig-süßliche Haschischgeruch, der in meine Nasenflügel stieg und sich in meiner Lunge einnistete.

Eines Abends ging es nach dem Kiffen für mich völlig überraschend tierisch ab. Ich wusste nicht, wie mir geschah, wollte nur noch raus aus dem Keller und rannte auf die Straße. Ich hatte mich nicht mehr unter Kontrolle und hoffte, das Gefühl würde so schnell, wie es gekommen war, auch wieder verschwinden. Aber es dauerte ziemlich lange und ich fühlte mich alles andere als gut dabei. Mir war übel und mein Herz raste. Ein Junge kümmerte sich um mich. Genau kann ich mich nicht mehr daran erinnern. Er sagte, ich sollte wieder zurück in den Keller gehen, um in dieser Situation nicht allein zu sein.

Trotz der negativen Erfahrung fing ich nun erst richtig mit dem Kiffen an. Irgendwann hatte ich dann doch das Feeling, von dem mir die anderen immer vorschwärmten. Vielleicht muss man nur lange genug kiffen, um auf den Geschmack zu kommen. Mein erstes Bier schmeckte ja auch bitter. Ich musste mich schütteln und trank trotzdem tapfer weiter, weil ich kein Weichei sein wollte und Angst hatte, vor den anderen mein Gesicht zu verlieren. Und bei der ersten Zigarette hustete ich ab. Man muss vielleicht nur einen langen Atem haben, um auch das Haschischrauchen als geil zu empfinden. Dachte ich.

Ich war vierzehn und wir kifften ein- bis zweimal in der Woche in unserem Keller. Die anderen rauchten fast jeden Tag eine Tüte weg. Ich kiffte noch nicht so oft, da ich befürchtete, es würde zu Hause auffallen. Später war mir das egal und ich kiffte häufiger. Wenn ich nach meinen Gefühlen gefragt werde, so kann ich sie schwer erklären. Sosehr ich mich bemühe, ich finde keine Antwort. Es ist wie mit der Liebe. Auch die Liebe als schönstes aller Gefühle kann ich schwer in Worte fassen.

Mit der Kifferei wurde mein Leben langsam, aber sicher zu einer Komödie. Ich nahm nichts mehr ernst und entwickelte mich irgendwie nicht weiter. Dieses Lmaa-Gefühl machte mich gegenüber anderen Erfahrungen vollkommen gleichgültig. Musik war zu dieser Zeit fast das einzig Wichtige für uns. Beim Kiffen hörten wir immer Musik und glaubten, den Rausch noch intensiver zu erleben. Vielleicht habe ich mir damals auch nur eingebildet, dass der Bass wirklich tierisch geil dröhnt, wenn du breit bist.

In der Hauptschule kifften wir dann auch in den Pausen und waren während des Unterrichts oft stoned. Frei nach dem Motto: In der Pause ein Joint und selbst der Lehrer wird dein Freund. Wie sollte ich denn da was lernen? Selbst wenn ich gewollt hätte! Aber was wollte ich? Eigentlich nur den ganzen Tag breit sein, weil mir Schule und alles drum herum tierisch auf den Geist ging. Sport war absolut out. Auf Drängeln meines Vaters lief ich gelegentlich. Aber ich hatte keinen großen Bock. Ich wollte ihm nur einen Gefallen tun. Mir ging es eigentlich nur darum, dicht zu sein.

Meine Freunde hatten schon alle Mopeds und nach der Schule fuhren wir in die Natur und kifften. In den Wäldern haben wir unsere Erdpfeifen geraucht. Unter freiem Himmel vermittelte das Kiffen einen noch geileren Effekt und steigerte das Gefühl von endloser Freiheit. Wir hatten irre viel Spaß und tierischen Bock, Wasserpfeifen zu rauchen. Es war voll der Hammer, sich um nichts anderes zu kümmern als um sich selbst.

Nach der Kifferei machten wir Sachen, die man niemals im Normalzustand machen würde. Wir fuhren mit den Mopeds wie eine Polizeimotorradstaffel bei Staatsbesuchen nebeneinander und die Soziusfahrer stiegen bei Geschwindigkeiten von bis zu 80 Kilometern von einem Moped auf das andere. In einer Clique aus unserer Nachbarstadt haben die Jungs das mit Autos gemacht. Ein Junge, den ich ziemlich gut kannte, ist bei einer solchen Aktion aus dem Auto geschleudert worden und gestorben. Aber das hat uns nicht davon abgehalten, weiterhin so gefährliche Sachen zu machen. Irgendwie stimmt der Satz schon: Bis fünfundzwanzig bist du unsterblich. Ich bin doch nicht derjenige, der sich beim Mopedwechsel schwer verletzt! Ich bin doch nicht der Kiffer, der später Heroin nimmt und als toter Fixer auf der Bahnhofstoilette oder einer Parkbank gefunden wird! Das passiert immer nur den anderen. Dachte ich ...

Die Angst, erwischt zu werden, trat mit jedem Joint in den Hintergrund und ich dachte: »Jetzt mache ich mein Ding. Auf Lernen habe ich keinen Bock mehr. Und die Meinung meiner Eltern ist mir egal.«

An den Wochenenden hingen wir in Diskotheken rum und spielten bis in den frühen Morgen Tischfußball. Aber vor dem Kickern machten wir uns erst einmal dicht. Dann spielten wir um ein Bier und schließlich auch um höhere Geldsummen. Manchmal gingen wir auch auf die Tanzfläche, aber Kickern war uns eigentlich wichtiger.

Immer öfter kam es zu Schlägereien. Besonders Gerhard war ein richtiger Wüterich. Obwohl er weder der Größte noch der Stärkste war, legte er sich ständig mit irgendjemand an. Wegen der unbeschreiblichen Wut, die in ihm steckte, war er brandgefährlich. Bei einer Schlägerei konnte er sich vergessen und machte viele platt. Und er rastete verdammt oft und ohne ersichtlichen Grund aus. Wenn er sich gar nicht mehr im Griff hatte, benutzte er abgeschlagene Gläser und Aschenbecher als Schlagwerkzeuge und warf mit allem um sich, was er greifen konnte. Einmal rannte er voller Wut durch die Scheibe einer Telefonzelle. Er verletzte sich an den Glassplittern und blutete wie ein Schwein.

Erst später erfuhr ich, woher die große Wut in dem kleinen Kerl stammte. Gerhard hatte als Kleinkind erlebt, wie sein Vater in einer Kneipe erstochen wurde und direkt vor seinen Augen verblutete. Ein solches Ereignis prägt einen Menschen für sein ganzes Leben.

Wir besuchten auch viele Open-Air-Konzerte. Das machte

irre Spaß, besonders, wenn man auf Drogen war. Wenn du drauf bist, verlierst du jedes Schamgefühl. Selbst der Schüchterne kann sich selbstbewusst bewegen. Du hast nicht mehr das Gefühl, dass dich andere beim Tanzen oder Singen beobachten oder auslachen. Und wenn du es bemerkst, ist es dir nicht mehr peinlich, sondern vollkommen egal. Das Problem: Ohne Droge traust du dich immer weniger, so was zu tun. Aber das ist mir damals so nicht bewusst geworden.

Zu der Gruppe gehörte ein etwas älterer Rocker, der Drogen vertickte. Der war voll krass. Als seine Freundin mit ihm Schluss machen wollte, hielt er sie an beiden Füßen kopfüber aus dem Fenster. Sie sollte sich entscheiden: für ihn oder den freien Fall. Schon klar, wie sie entschieden hat.

Eines Abends saßen wir mal wieder zusammen in einer Kneipe. Ohne ersichtlichen Grund sprang der Rocker plötzlich auf und griff nach seinem Motorradhelm. Er stürzte auf einen Mann zu, der soeben erst die Kneipe betreten hatte. Ohne ein einziges Wort zu sagen, zertrümmerte er ihm mit seinem Helm den Arm. Der Mann schuldete dem Rocker eine kleinere Geldsumme.

Daran anschließend entwickelte sich eine Riesenschlägerei. Als die Polizei eintraf und den Rocker festnehmen wollte, konnte er sich aus dem Griff der Beamten befreien, rannte aus der Kneipe, stellte sich auf das Polizeiauto und schrie: »Ihr kriegt mich nicht!« Dann lief er zu seinem Motorrad und raste wie ein Wahnsinniger davon. Da der Rocker den Polizeibeamten bekannt war, fuhren sie zu ihm nach Hause. Wir: nichts wie hinterher. Vor dem Haus standen die Eltern des Rockers und beschimpften die Polizisten. Für mich war das alles wie im Film. Es beeindruckte mich total, wie die Eltern ihren Sohn beschützen wollten.

Kurze Zeit später kam der Rocker aus dem Haus und stieg in das Polizeiauto. Wir folgten den Polizisten bis zur Wache. Dort forderten wir lautstark, dass sie ihn freilassen sollen. Kurze Zeit später kam der Rocker aus der Wache und wir glaubten damals echt, das sei unser Verdienst, das Resultat unserer lautstarken Demonstration gewesen. Das war natürlich Unsinn. Aber wir feierten unseren Sieg und hatten wieder einen guten Grund, uns total dicht zu machen ...

Erster Kontakt mit LSD – von wegen »lauter süße Dinge«!

> *»Irgendwie umgab mich eine Kälte, die ich nicht beschreiben kann.«*

Irgendwann habe ich auch LSD probiert. Wenn du Teile einwirfst, katapultierst du dich aus der Wirklichkeit heraus. Ich habe aber nur kurze Zeit Pappe genommen. Der Kick bei LSD ist völlig anders als beim Kiffen. Du siehst Dinge, die einfach nicht existieren. Der Szene-Spruch »Es ist alles so schön bunt hier!« beschreibt den Zustand in einem LSD-Rausch sehr gut.

Wie gefährlich LSD ist, habe ich in der Wohnung von Umberto erlebt. Der Italiener hatte einen Trip eingeworfen und sich kurze Zeit später im Badezimmer eingeschlossen. Er duschte mit kochend heißem Wasser und bemerkte nicht, dass er sich starke Verbrennungen zuzog. Wir alarmierten einen Krankenwagen und sind aus der Wohnung geflüchtet. Aus sicherer Entfernung beobachteten wir dann, wie Umberto abtransportiert wurde.

Wir warfen oft Teile im Wald ein und erlebten Situationen, die sich unglaublich anhören. An einem Tag schneite es und wir bauten eine Eisbahn. Dann bestaunten wir den Schnee in unseren Händen und beschrieben die Bilder, die der schmelzende Schnee in unseren verrückten Köpfen produzierte. Ich hatte keinerlei Gefühl mehr für die Zeit. Im Rausch hatte ich das Gefühl, dass wir nur zehn Minuten mit dem Schnee in unseren Händen spielten. In Wirklichkeit schauten wir ihn uns über zwei Stunden an.

Es dauert etwa eine halbe Stunde, bis der Trip wirkt. Wenn

du dich in dieser halben Stunde auf den Trip vorbereitest, kannst du vielleicht entscheiden, was du erlebst. Vielleicht!

Ein andermal hatte ich einen Trip eingeworfen und wollte vor dem Einsetzen der Wirkung in unsere Nachbarstadt trampen, um in der Rollschuhdisko eine geile Reise zu unternehmen. Ich ging am Straßenrand entlang, und immer wenn sich von hinten ein Auto näherte, streckte ich den Daumen in den Wind. Dann hörte ich, wie ein Wagen abbremste und neben mir anhielt. Ich drehte mich um. Den Schreck kann ich gar nicht mehr beschreiben. Es war mein Vater! Wie sollte der Trip da noch gut werden! Ich konnte mich nach dieser Begegnung mental gar nicht mehr einstimmen. Aber da der Trip noch nicht wirkte, bemerkte mein Vater auch nichts.

In der Rollerdisko bildete ich mir ein, ich hätte Zahnschmerzen, und glaubte, kühles Wasser im Mund würde diese Schmerzen lindern. Ständig ging ich zur Toilette und trank Wasser. Ich hatte plötzlich Angst, mich würden alle anstarren, weil sie erkannten, dass ich auf Droge war. In Panik bin ich aus dem Gebäude gelaufen und ging die zwölf Kilometer lange Strecke wieder nach Hause zurück. Die (eingebildeten) Zahnschmerzen wurden immer stärker, und ich trank aus jeder Pfütze, die ein Regenguss hinterlassen hatte. Danach hatte ich kurzzeitig das Gefühl, schmerzfrei zu sein. Aber nur bis zur nächsten Pfütze.

In meiner Heimatstadt sah ich Freunde. Ich wollte zu ihnen hingehen, schaffte aber die zweihundert Meter bis zu ihnen nicht, denn ich war nicht in der Lage, mich auch nur einen Zentimeter vom Fleck zu bewegen. Irgendwie schien ich mit dem Asphalt wie verwurzelt. Ich konnte auch nicht rufen. Es war wie im Traum: Wenn du Angst hast und schreist, aber die Schreie bleiben stumm.

Meine Freunde stiegen ins Auto und fuhren weg. Ich war total verzweifelt und bin nach Hause gelaufen. Kurz vor der

Wohnung meiner Eltern standen einige Männer vor einer Kneipe und tranken Bier. Ich sah sie in ihren kurzen Jeanshosen und weißen T-Shirts. Das Schlimmste für mich war: Alle Biergläser hatten einen goldenen Rand. Dieser goldene Rand machte mich völlig rasend. Ich weiß bis heute nicht, warum. Ich wäre am liebsten hingelaufen und hätte eine Schlägerei angezettelt.

Meine Eltern waren Gott sei Dank nicht zu Hause. Ich ging unter die Dusche und wollte wieder klar werden. Aber das Plätschern des Wassers wurde immer lauter und lauter. Ich hielt mir die Ohren zu und hatte das Gefühl, mir würde das Trommelfell platzen. Nach der Dusche hörte die Wirkung des Trips zum Glück langsam auf und meine Zahnschmerzen verschwanden schlagartig. Nach diesem absoluten Horrortrip nahm ich nie wieder LSD, denn das ist echt eine Wahnsinnsdroge.

Je mehr ich mit Drogen experimentierte, umso aggressiver wurde ich. Mir selbst fiel das aber nicht auf. Eigentlich hatte ich nie ein hohes Aggressionspotenzial. Eigentlich. Glaube ich zumindest. Aber immer häufiger war ich in Schlägereien verwickelt. Es machte mir irgendwie Spaß, um mich zu schlagen. Bei einer Schlägerei hätte ich fast jemanden getötet. Es begann wie jede andere Schlägerei. Doch dann hatte ich den totalen Ausraster. Ich packte mir den Jungen und schlug seinen Kopf gegen einen Baum. Seine Nase platzte auf, seine Stirn blutete, und obwohl er schon bewusstlos war, trat ich weiter auf ihn ein. Wenn mich in dem Moment einer meiner Freunde nicht zurückgehalten hätte, ich weiß nicht, was passiert wäre. Danach ging es mir super dreckig und ich verstand nicht, wieso ich so ausgerastet war.

Verkokste Lehrjahre

An einem Wochenende wollten die Jungs nach Holland fahren und Shit einkaufen. Sie fragten mich: »Willst du mit?« Das war die einmalige Chance, auf die ich schon lange gewartet hatte. Und ob ich wollte! Mein Herz bebte vor Aufregung. Sollte ich dieses einmalige Angebot etwa ablehnen? Endlich nach Holland in einen Coffeeshop, in dem man sich die Birne breit machen konnte! Ich dachte nur an Shit und wusste nicht, worum es wirklich ging. Aber an diesem Tag sollte auch Koks eingekauft werden. Das habe ich nicht so ganz gerafft.

Wir gingen also in einen Coffeeshop. In Deutschland musste man heimlich seinen Joint rauchen, in Holland war das damals schon völlig legal. Die Jungs bezahlten das Kokain und wir fuhren ohne den Stoff nach Deutschland zurück. Der Kurier ging zu Fuß über die grüne Grenze und stieg auf deutschem Boden wieder in unser Auto ein. Ich war wahnsinnig aufgeregt.

Da ich zwischenzeitlich ziemlich heftig Haschisch rauchte, war Kiffen irgendwie schon langweiliger Alltag für mich. Der richtige Kick war irgendwie weg. Und was machst du, wenn deine Droge dir den ersehnten Rauschzustand nicht mehr bringt? Klar, du nimmst was anderes. Ich wollte unbedingt Kokain probieren. Mein Gefühl, allein und von Gott und der Welt verlassen zu sein, und die Kälte in meiner Seele waren durch das Kiffen nicht verschwunden. Im Gegenteil. Dieses Gefühl von Einsamkeit kehrte immer wieder zurück. Davor hatte ich eine unbeschreibliche Angst. Ich hatte Angst vor der Angst und hoffte, mit Kokain könnte ich diese Angst besiegen.

Also fragte ich die Jungs, ob sie mir etwas Koks verkaufen könnten. Sie lehnten ab und meinten, ich wäre noch zu jung. Die waren alle älter, der Älteste schon zwanzig. Sie gaben mir einfach nichts für die Nase. »Das sind keine richtigen Freunde«, dachte ich damals. Heute bin ich da anderer Meinung.

Kurze Zeit später habe ich dann doch das erste Mal gekokst. Es war richtig geil, ganz anders als beim Kiffen, noch heftiger. Eigentlich genau so, wie ich den Kick haben wollte. Dennoch fällt es mir schwer, das Gefühl zu beschreiben. Nachdem ich mir das weiße Pulver in die Nase gezogen hatte, kam ich mir irgendwie groß und sicher vor, hatte keine Angst mehr. Vor nichts und niemandem. Beim Kickern am Tischfußball hatte ich auf Koks das Gefühl, alles besser zu sehen und schneller reagieren zu können. Heute weiß ich, dass dieser Eindruck trügt.

Aber unter Koks war ich der Stärkste. Keiner konnte mir was anhaben. Auch kein Lehrer. Ich bemerkte nicht, was wirklich um mich herum ablief, spürte nur meinen Kick. Das war zu diesem Zeitpunkt genau das Richtige für mich. Was Neues, was Härteres, immer geiler, immer schneller, immer heftiger den Kick erleben. Ich verschwendete damals keinen einzigen Gedanken daran, wie tief ich eigentlich schon im Drogenmilieu drinsteckte. Ich trieb auf meiner eingebildeten Welle, der Größte zu sein. Ich hatte keinen festen Boden unter den Füßen und wurde nie an Land auf den Boden der Realität geschwemmt. Wenn man vom dreizehnten bis zum sechzehnten Lebensjahr nichts anderes kennt als Drogen, verliert man die Scheu, immer etwas Neues zu probieren, weil alles so schnell an Attraktivität verliert.

Die Hauptschule schloss ich mit der neunten Klasse ab und wechselte zur Handelsschule. Ich konnte trotz meines Drogenkonsums noch klare Gedanken fassen und dachte, dass es für mich besser wäre, etwas mehr zu lernen, denn die Hauptschule konnte man wirklich in der Pfeife rauchen. Im wahrsten Sinne des Wortes machte ich das ja symbolisch in meiner Haschischpfeife. Aber auch in der Handelsschule hatte ich irgendwann einfach keinen Bock mehr auf Lernen. Es war mir immer noch wichtiger, dicht zu sein, anstatt »für das Leben« zu lernen. Die Frage, wann der Ernst des Lebens beginnt, erschien mir unwichtig. Ich wollte nicht ernst, sondern lustig sein. Und meine Jahre auf der Hauptschule waren nur lustig, wenn ich breit gewesen war.

Weil ich eigenes Geld verdienen wollte, begann ich eine Lehre zum Elektroinstallateur. Auf der Arbeit bin ich aber mit keinem klargekommen, weder mit dem Meister noch mit den Gesellen und auch nicht mit meinen Kollegen. Ich nahm das alles nicht ernst, führte meine Arbeit nicht zur Zufriedenheit des Meisters durch. Doch das war mir scheißegal. Vor Beendigung des dritten Lehrjahrs brach ich meine Ausbildung ab. Ich hatte nur die eine Sache im Kopf: dicht sein und Spaß haben.

Dann bewarb ich mich als Zeitsoldat bei der Bundeswehr. Endlich volljährig! Frei! Ich konnte tun und lassen, was ich wollte. Und was wollte ich? Einfach weg, später meinen Traum von einem unabhängigen Leben in der Fremdenlegion verwirklichen. Obwohl ich es nicht erwartet hatte, bestand ich die Aufnahmeprüfung zur Bundeswehr mit einem guten Ergebnis. Vielleicht war es auch nicht zu schwer, weil die damals fast jeden genommen haben. Ich besuchte also die Bundeswehrschule in Köln und sah für mich die große Chance einer Auslandsverwendung.

Aber dann wurde alles anders. Ich verdiente über tausend Mark. Das war für mich viel Geld, denn ich musste zu Hause keine müde Mark abgeben. Und ich hatte eine eigene EC-Karte. Der Geldautomat fragte mich nicht, wofür ich die hohen Beträge brauchte. Und ich brauchte damals viel Kohle. Diese Errungenschaft der modernen Technik unterstützte die Sogwirkung in die Abhängigkeit und war erst der Beginn des Teufelskreises.

In Köln lernte ich neue Freunde kennen: Koks und Amphetamine waren meine täglichen Begleiter. Das weiße Pulver in meinem Körper wirkte aufputschend und anregend. Und wenn die aufputschende Wirkung zu stark wurde und ich abhob, brachte mich ein Joint wie eine Schlaftablette wieder runter. So konnte ich mich immer in das Gefühl versetzen, das ich gerade brauchte: Speed zum Pushen, Shit zum Downen.

Suchtkranke Menschen tauchen oft in ein Wechselbad der Gefühle ein. Wenn die Ruhe in einer drogenfreien Phase Angst auslöst, nehmen viele Aufputschmittel für die High-Speed-Autobahn ihrer vermeintlichen Kreativität, auf der ihre Gedanken und Gefühle rasante Geschwindigkeiten erreichen. Und wenn die Angst überhandnimmt, mit Höchstgeschwindigkeit aus der Bahn zu fliegen, nehmen sie Shit zum Runterschalten. Ein Kreislauf, in dem die Drogen im Kopf der Konsumenten ihre Bahnen ziehen und sie in Stücke reißen.

Jede Nacht zog ich bis drei, vier Uhr durch die Diskotheken, kehrte dann zurück in die Kaserne und musste morgens um sieben in der Bundeswehrschule wieder fit für den Unterricht sein. Die Pausen nutzte ich, um mindestens eine Mütze Schlaf zu finden, auch wenn es nur zehn Minuten waren. Ich lernte in der Kölner Kokserszene stinkreiche Leute kennen und versuchte, mit denen mitzuhalten. Das war natürlich nicht einfach. Die Situation spitzte sich immer mehr zu. Das Geld wurde knapper und irgendwie kriegte ich die Kurve nicht mehr.

Durch meine Kontakte zur örtlichen Drogenszene hatte ich keine Probleme, an Koks zu kommen. Ich hatte auch einen guten Namen, wenn man das in diesem Zusammenhang so sagen kann, da ich auf Wunsch alle Drogen besorgte. Das war absoluter Stress. Aber mit Koks in der Birne kannst du den Stress auf der Szene gut aushalten. Koks ist gut, wenn du einen stressigen Job hast. Deshalb nehmen ja auch viele Manager und Künstler diesen Stoff.

Trotz meiner »nicht genehmigten Nebenbeschäftigung« versuchte ich auf der Bundeswehrschule etwas zu lernen, um meinen Traum vom Dienst im Ausland zu verwirklichen. Dabei raffte ich es immer noch nicht, dass sich beides nicht vereinbaren lässt. Nach einem Jahr musste ich die Schule verlassen und wurde in eine Kaserne nach Unna versetzt. Damit war mein Traum von einem Auslandsaufenthalt geplatzt. In meiner Stammeinheit musste ich weitere drei Jahre im grauen Kasernenalltag absitzen.

Aber das weiße Pulver half mir über das als langweilig und unnütz empfundene Leben hinweg. Ich lernte Koks im wahrsten Sinne des Wortes lieben. Ja, so war es. Ich liebte das weiße Pulver. Aber es erwiderte meine Liebe nicht, sondern tötete meine Gefühle für andere Menschen. Das Kokain nahm mich in Besitz und verlangte meine uneingeschränkte Zuwendung. Kokain erstickt deine Liebe zu den Menschen. Da ist kein Raum mehr für andere Gefühle. Du bist nicht mehr fähig zu lieben, weil sich deine Gedanken immer um den Stoff drehen.

In dieser Zeit lernte ich Sabine kennen.

Sabine – zwei Chancen hat die Liebe

> »Ich genoss das lange verschüttete Gefühl,
> dass man auch ohne Drogen glücklich
> sein kann.«

Als ich mit Sabine zum ersten Mal in näheren Kontakt kam, spürte ich sofort, dass ich mit ihr zusammen sein wollte. Ich kannte sie schon vom Sehen. Unsere Cliquen besuchten dieselbe Kneipe. Eine gemeinsame Bekannte kam mit Sabine in die Disko. Sabine hatte gerade mit ihrem Freund Schluss gemacht und von Kerlen die Schnauze voll. Wir wollten gemeinsam was rauchen. Sabine und ich warteten alleine im Auto auf unsere Bekannte, die bei einem Typen was zum Kiffen besorgen wollte.

Verrückt, aber wahr. Bereits an diesem Abend war mir klar, dass ich Sabine heiraten und Kinder mit ihr haben werde. Da war ich gerade neunzehn. Sabine sah verdammt gut aus und ich fand sie unheimlich nett. Es war das berühmte Kribbeln im Bauch, das man nicht beschreiben, aber umso besser fühlen kann.

Später in der Disko passierten mir vor Aufregung die irrsinnigsten Sachen. Ich war so nervös, dass ich das Bier, das ich ihr ausgeben wollte, verschüttete. Sabine brachte meine Gefühlswelt total durcheinander. Ich spürte ein fast zwanghaftes Verlangen, mit ihr zusammen zu sein, und war ganz aus dem Häuschen. Aber sie ließ mich abblitzen. Doch ich blieb hartnäckig. Ich sagte ihr schon bei unserem ersten Treffen, dass sie es sich nicht so schwer machen soll, denn wir würden heiraten und Kinder in die Welt setzen.

Was Sabine damals dachte, möchte ich heute nicht wissen. Sie versuchte, mich abzuwimmeln, doch ich ließ nicht locker. Ich sagte ihr, dass ich am nächsten Tag vorbeikommen würde. Sie zeigte mir den Vogel. Ich hatte vor Sabine schon einige Freundinnen gehabt. Aber so richtig ernst genommen hatte ich das nie und mich immer vor einer festen Beziehung gesträubt. Obwohl ich mich sehr danach sehnte. Aber ich hatte Angst vor der Enttäuschung, wenn ich zu starke Gefühle investierte. Mir war es immer wichtiger, Drogen zu nehmen. Bei Sabine sollte es anders werden. Das fühlte ich. Ich war total aufgeregt.

Am nächsten Morgen fuhr ich mit meinem Moped ins Nachbardorf, in dem Sabine wohnte. Ich liebte meine Yamaha 250Rd und hatte sie schon bis auf die letzte Schraube auseinandergebaut und wieder zusammengeschraubt. Das Ding machte einen wahnsinnigen Krach. Nachdem ich unzählige Male an Sabines Haus vorbeigefahren war und vermutlich die gesamte Nachbarschaft geweckt hatte, nahm ich all meinen Mut zusammen und klingelte an der Haustür. Das Herz klopfte mir bis zum Hals.

Sabine öffnete die Tür und sah mich erstaunt an. Sie hatte wohl nicht damit gerechnet, dass ich meiner eigenen Einladung folgen würde. Ich weiß nicht, wie viel von ihrem Entsetzen gespielt und wie viel echt war. Ich jedenfalls freute mich riesig, sie zu sehen. Sie bat mich ins Haus und brach eine Tafel Schokolade an. Als sie mir einen Riegel anbot, killte ich prompt die ganze Tafel. Eigentlich hätte ihr da schon auffallen müssen, was für ein Mensch ich war. Ich habe dann aber noch drei Tage gebraucht, bis Sabine verstanden hat, dass sie mich auch liebt.

Bereits kurze Zeit später bin ich bei ihr eingezogen. Zum ersten Mal in meinem Leben verspürte ich den Wunsch, mich vom Elternhaus zu lösen und mich nicht mehr im »Hotel Mama« bewirten zu lassen. Zu Hause fühlte ich mich immer bevormundet und konnte mich nie so ausleben, wie ich wollte.

Und zu diesem Zeitpunkt geschah etwas, was ich mir nicht erklären konnte. Vom ersten Tag, an dem ich mit Sabine zusammenlebte, reduzierte ich meinen Drogenkonsum drastisch. Kurze Zeit später brach ich jeglichen Kontakt zu meinen Freunden ab. Ich bin in jener Zeit zur Ruhe gekommen, kiffte noch ab und zu, aber ich nahm kein Kokain mehr. Vielleicht hatte ich Angst, dass meine starken Gefühle zu meiner Freundin nach dem Konsum des weißen Pulvers wieder einfrören. Und das wollte ich nicht.

Sabine und ich verbrachten eine schöne Zeit. Durch sie entdeckte ich wieder meine Lust am Leben. Ich war glücklich mit ihr, hatte wieder Spaß an allen möglichen und unmöglichen Sachen und kiffte immer seltener. Ich genoss das lange verschüttete Gefühl, dass man auch ohne Drogen glücklich sein kann.

Warum ich kein Verlangen mehr nach Drogen hatte, erfuhr ich erst in der Therapie. Mit der Liebe zu Sabine spürte ich das erste Mal in meinem Leben nicht mehr diese Unruhe in meinem Bauch. Ich hatte das Gefühl, dass ich das gefunden hatte, was ich bislang vergeblich gesucht hatte. Ich wurde geliebt und konnte selbst Liebe geben. Bedingungslos. Eine Erfahrung, die ich zuvor nicht gekannt hatte.

Da Sabine in der Ausbildung zur Restaurantfachfrau war, brachte sie immer leckeres Essen mit. Wenn sie frei hatte, gingen wir sehr oft außer Haus essen, denn als Zeitsoldat verdiente ich gutes Geld. Wir genossen das Leben in vollen Zügen. Und das tat auch ihr sehr gut, denn sie hatte eine schwierige Zeit hinter sich. Ihre Mutter war sehr früh an Krebs gestorben. Der Vater war mit der Situation völlig überfordert und kam nicht damit klar, allein zu sein. Nach dem Tod ihrer Mutter hielt Sabine als Jüngste die Familie zusammen.

Unter der Woche stieg meine Sehnsucht nach Sabine ins Unermessliche. Ich konnte die Zeit in der Kaserne kaum aushalten. Jeder Tag ohne sie war für mich verlorene Zeit. Die Woche wollte einfach nicht vergehen. Als Beweis unserer großen Liebe wollten wir einem Kind das Leben schenken, um uns darin zu bestärken, dass wir nie mehr auseinandergehen. Sabine wurde schneller schwanger, als wir damit gerechnet hatten.

Den Tag des Schwangerschaftstests habe ich heute noch in so guter Erinnerung, als sei es gestern gewesen. Sabine schloss sich in der Toilette ein. Ich war aufgeregt, drückte mein Ohr an die Tür und wartete gespannt auf das Ergebnis. Ich konnte es kaum mehr erwarten. Dann hörte ich ein leises Schluchzen, das sich zu einem Heulen steigerte. Jetzt war alles klar: Ich wurde Vater! Freudestrahlend und triumphierend rannte ich durch die Wohnung.

Dass Sabine eigentlich getröstet werden wollte, verstand ich zu diesem Zeitpunkt nicht und so ließ ich sie mit ihrer Angst allein. Ihrer Angst, so jung Mutter zu werden. Angst, wie sie ihre Ausbildung als Schwangere beenden sollte. Aber sicher auch Angst, ob ich unsere Familie ernähren könnte. Ich umarmte sie bloß und schrie: »Wir werden Eltern, eine richtige Familie!«

In der Arztpraxis sahen wir unser Kind das erste Mal auf dem Ultraschall. »Mein Gott«, dachte ich, »ich habe das erste Mal in meinem Leben etwas geschafft!« Voller Stolz und ohne Vorahnung, wie sich dieses Gefühl verändern sollte, erlebten wir eine wunderschöne Zeit. Die Schwangerschaft schweißte uns immer intensiver zusammen.

Bis zur Geburt wussten wir nicht, ob es ein Mädchen oder ein Junge werden würde. Das war auch egal. Unser Baby wurde in Sabines Bauch immer größer und wir löcherten ihre ältere Schwester Ela mit tausend Fragen. Ela hatte schon ein Kind und sie unterstützte uns während der Schwangerschaft. Ich musste in dieser Zeit zu vielen Bundeswehreinsätzen und konnte mich nicht um eine neue Wohnung, unsere Hochzeit und alles andere kümmern. Mein Vater organisierte das für uns, oder besser gesagt, für mich. Denn es wäre als künftiges Familienoberhaupt meine Aufgabe gewesen, diese Dinge zu regeln. Aber es war wieder einmal mein Vater, der sich um alles kümmerte. Er suchte eine Wohnung für uns und auch das Aufgebot bestellte er mit Sabine. Ich machte rein gar nichts, alles wurde erledigt, ohne dass ich einen einzigen Finger krümmen musste.

Ihr werdet füreinander da sein – in guten wie in schlechten Tagen?

Wir haben am 11. November 1988 geheiratet, pünktlich um 11:11 Uhr. Sabine wollte diese Hochzeit eigentlich nicht. Ich dagegen wollte nichts lieber. Meine Eltern drängten uns auch zur Heirat. Heute bin ich froh, dass wir es getan haben. Wir sahen damals aus wie zwei Comicfiguren. Ich hatte einen viel zu großen Anzug an und kam mir total verloren darin vor. Sabine trug ein lila Kostüm. Als wir zum Standesamt fahren wollten, sprang unser alter Opel Kadett nicht an, und ich musste ihn kurzschließen.

Nach der Trauung feierten wir in einer Gaststätte. Feiern kann man das eigentlich nicht nennen. Wir waren erleichtert, als das Essen endlich vorbei war. Wenn wir heute die Bilder unserer Trauung anschauen, fragen wir uns, wie wir das überlebt haben. Von den Gästen her glich sie eher einer Beerdigung. Keine Freunde, nur Eltern, Omas und Tanten.

Sabines Bauch wurde immer dicker und mit jedem Zentimeter ihres Umfangs stieg meine wahnsinnige Vorfreude auf das Kind. Es sollte sich erst später zeigen, dass ich für die ganze Sache noch nicht reif war. Mit Sabines Bauch wuchs auch meine Angst. Die Angst, zu versagen und dieser Verantwortung nicht gerecht werden zu können.

Kurz vor Janas Geburt fingen die Zweifel an. Ich hatte keine Ausbildung, die Bundeswehrzeit sollte in knapp einem halben Jahr zu Ende gehen. Wie sollte ich meine Familie ernähren? Angst, eine unbeschreibliche Angst überfiel mich, Sabine und unser Kind zu verlieren. Ohne mir Gedanken darüber zu machen oder nach dem Warum zu fragen, fing ich wieder mit der Kifferei an. Sabine bemerkte davon nichts.

Am 11. Februar 1989 setzten die Wehen ein. Wir fuhren mittags ins Krankenhaus, und ich wunderte mich, wie abgeklärt Sabine mit dieser Situation umgegangen ist. Ich selbst war so nervös, dass ich fast nicht mehr Auto fahren konnte. Meine Frau dagegen war einfach nur cool.

Die Hebamme meinte, dass es noch nicht so weit wäre und wir wieder nach Hause fahren sollten. Der Tag wurde für mich endlos lang. Gemeinsam sahen wir uns am Abend die neue Sendung mit Frank Elstner an. Die Abstände der Wehen wurden schließlich immer kürzer. Sabine wollte die Show noch zu Ende schauen. Danach ging es dann aber los.

Wir fuhren ins Krankenhaus und am 12. Februar 1989 um 4:07 Uhr erblickte Jana das Licht dieser Welt. Ich war bei der Geburt dabei. Ein tolles Erlebnis! Ich war unbeschreiblich stolz und zufrieden und der glücklichste Mensch der Welt. Das Gefühl, etwas »gemacht« zu haben, das von mir ist, das kannte ich bislang nicht.

Ich konsumierte in dieser Zeit nur selten. Meine Gedanken kreisten nicht mehr um Drogen, mit denen ich meinen Körper vergiftete, sondern um diesen neuen Erdenbürger, der ein Teil von mir und Sabine war. Die erste Zeit mit Jana war unbeschreiblich schön.

Aber dann wurde es schwieriger. Von Tag zu Tag spürte ich sie immer stärker: die Verantwortung, die schwer auf meinen Schultern lastete. Diese Bürde war mehr, als ich tragen konnte. Alles wurde immer enger. Als würde sich ein unsichtbarer Stahlring immer fester um meine Brust schnüren. Ich bekam kaum noch Luft.

Mit einem Bundeswehr-Kameraden kiffte ich dann immer häufiger. Wir fuhren in der Mittagspause nach Dortmund und kauften Shit. Aber trotz des Kiffens steigerte sich die Panik und ständig kreisten die Gedanken in meinem Kopf. Die Angst vor der Zukunft wurde immer schlimmer und im klaren Zustand quälte mich nur ein einziger Gedanke in meinem kranken Hirn: »Bundeswehr zu Ende! Was dann? Ein süßes kleines Baby und eine liebevolle Frau zu Hause, die ein Anrecht darauf haben, von mir versorgt zu werden.«

In der Hoffnung, meine Sorgen und Ängste zu vergessen, zog ich mir wieder das weiße Pulver in die Nase. Ich hatte ein Kind in die Welt gesetzt und setzte es hilflos meiner Unfähigkeit aus, es zu beschützen. Es würde ohne den beschützenden Vater in dieser Welt verloren sein.

Plötzlich war Dortmund für Andreas wieder der Mittelpunkt der Welt, denn die Szene hatte alles zu bieten, was sein Körper in dieser Situation begehrte, um die quälenden Gedanken an die Zukunft zu verdrängen. Andreas wurde von der Verantwortung in Form dieses imaginären Stahlrings erdrückt. Er hatte seiner Meinung nach nichts im Leben erreicht, außer einer Tochter das Leben geschenkt zu haben. Das Einzige im Leben, was er, ohne die Hilfe seines Vaters, fertiggebracht hatte.

Andreas fühlte sich beim Blick in die Zukunft unfähig, Verantwortung als Familienoberhaupt zu übernehmen. Andreas, der immer den »allgegenwärtigen Vater« vor Augen hatte und sich aus dieser Umklammerung befreien wollte, sah sich nicht in der Lage, ein guter fürsorglicher Vater für seine eigene Tochter zu sein.

Da sich die Bundeswehrzeit ihrem Ende näherte, wurde er erdrückt von der permanenten Angst vor einer ungewissen Zukunft. Denn bisher hatte er genügend Geld verdient, um seine kleine Familie zu ernähren. Aber was würde nach seiner Entlassung geschehen? Er hatte weder eine Ausbildung noch einen vernünftigen Schulabschluss. Er steigerte sich immer mehr in die Vorstellung hinein, dass er es nicht packen würde, den Lebensunterhalt für Frau und Kind zu bestreiten. Seine Gedanken drehten sich im Kreis, liefen Amok, rasten auf der Suche nach einer Lösung durch ein Labyrinth und fanden keinen Ausweg.

Der erste Schuss

> *»Die Droge nimmt dir alle Entscheidungen ab und eine andere Meinung würdest du nie akzeptieren.«*

Aus Angst, wieder abzurutschen, brach ich jeglichen Kontakt zu Leuten ab, die harte Drogen konsumierten, und traf mich nur mit den Kiffern. Was ich nicht wusste: Zwei aus der Clique dealten nicht nur mit Cannabis. Sie verseuchten die Szene mit harten Drogen. Die beiden waren als »Geschäftsleute« zwar Konkurrenten, blieben aber trotzdem Freunde, denn sie hatten mehr Kunden, als sie »befriedigen« konnten. Und wenn der eine mal nichts hatte, konnte der andere etwas besorgen, denn sie hatten verschiedene Connections.

Bei einem der Treffen mit dem »harten Kern« zog ich wie immer an der kreisenden Haschischpfeife. Aber dieses Mal war auch Heroin in der Mischung. Ich bemerkte es sofort. Die Wirkung war mit dem Kiffen überhaupt nicht vergleichbar. Plötzlich hatte ich das Gefühl, mein Leben sei vollkommen okay.

Nach dieser ersten Heroinpfeife verschwand mit einem Schlag die ganze Angst. Ich hatte sie mir mit diesem einen Zug einfach weggeraucht. Kein Gefühl der Unsicherheit, keine Angst vor meiner Verantwortung. Ich hatte wieder totalen Spaß am Leben.

Dieses Gefühl, das mir das Heroin gab, kann ich nicht beschreiben. Ich will es nicht schönreden, aber ich glaubte zum damaligen Zeitpunkt, nicht alleine mit meinen Versagensängsten zu sein. Ich konnte meine Angst teilen – und geteiltes Leid ist halbes Leid. Ich hatte überhaupt keine

Angst mehr. Sie war wie weggeblasen, oder besser gesagt: weggeraucht. Plötzlich war mir vollkommen klar, dass ich alles regeln konnte.

Dieses Gefühl wollte ich öfter spüren und besorgte mir immer regelmäßiger Heroin in immer kürzeren Abständen. Da in der Clique immer mehr Leute mit dem Kiffen aufhörten, wechselte ich meinen Freundeskreis. Dann brach der Kontakt zu den ehemaligen Kiffern in der alten Clique ganz ab. Das bedauerte ich und es war vielleicht einer meiner größten Fehler im Hinblick auf die Entwicklung meiner Drogenkarriere. Denn die anderen aus meinem Freundeskreis schafften früher oder später den Absprung und nahmen keine Drogen mehr, während ich immer tiefer in den Sumpf abrutschte. Nur zwei andere aus der alten Clique nahmen auch Heroin. So lernte ich zwangsläufig immer mehr Leute kennen, die harte Drogen konsumierten.

Warum die anderen aufgehört haben und ich nicht, kann ich mir nicht erklären. Man spricht mit den anderen nicht mehr, wenn man auf harte Drogen steht. Nur die Gier nach der Droge entscheidet, mit wem du Kontakt hast. Sie nimmt dir alle Entscheidungen ab und eine andere Meinung würdest du nie akzeptieren.

Am Anfang kam ich ein oder zwei Wochen mit Heroin für fünfzig oder hundert Mark hin. Ich rauchte nur vom Blech. Fixen? Die Spritze in den Unterarm jagen? Niemals im Leben! Mit einem Fixer hatte ich nichts gemein, obwohl ich Heroin konsumierte. Wie jeder Fixer hatte auch ich zunächst eine panische Angst vor der ersten Spritze.

Zu Hause ahnte niemand etwas von meinem Heroinkonsum. Vielleicht wollten sie es auch nicht wahrhaben. Manchmal glaube ich, dass alle wussten, was los war. Aber keiner traute sich, die Dinge beim Namen zu nennen.

Ich bekam durch die Droge scheinbar alles in den Griff und die Panik im Kopf verschwand. Vollkommen entspannt sah ich dem Ende meiner Dienstzeit bei der Bundeswehr entgegen: »Scheiß drauf! Ist mir egal, ich bekomme das alles schon irgendwie geregelt.«

Ich lernte nicht nur die Fixer auf der Szene kennen, sondern auch die Junkies, die durch Beschaffungskriminalität ihren Bedarf abdeckten. Bis zu diesem Zeitpunkt hatte ich es noch nicht nötig, in den Kaufhäusern zu klauen, alten Omas die Handtaschen wegzureißen, einem Besoffenen eins über die Rübe zu hauen und seine Geldbörse zu ziehen, tagsüber in Wohnungen einzubrechen oder andere Straftaten zu begehen. Aber die Leute, mit denen ich Kontakt hatte, wurden immer krasser. Und bald auch ich …

Ich weiß nicht mehr genau, wann es begann, aber ich brauchte immer mehr Heroin, um ein einigermaßen gutes Feeling zu spüren. Fixer wissen, dass du beim Rauchen nie so einen geilen Kick erleben kannst wie beim Spritzen. Dann ertönte die Stimme von »Sister Morphine« und sie redete mir gut zu: »Vergiss deine Angst vor der Fixerei. Ich werde dir ein Lustgefühl bescheren, das du nur erleben, aber niemals beschreiben kannst.«

Einige Tage vor meinem ersten Schuss beobachtete ich eine junge Frau auf der Szene. Sie jagte sich immer wieder die Spritze in den Unterarm, den sie mit einem blutverschmierten Tuch abgebunden hatte. Sie fand offenbar keine Stelle, an der sie die Nadel reinjagen konnte. Der Schuss wollte ihr nicht gelingen. Immer heftiger stach sie sich die Nadel in den Unterarm und schrie »Scheiß Fixe!«. Blut tropfte auf den schmutzigen Asphalt auf dem Bahnhofsplatz. Ich kann mich noch an ihre verzweifelten Augen erinnern. Sie wirkte gehetzt.

Der ersehnte Flash, jene lustvolle Welle, die den ganzen Körper durchströmt, wenn das Heroin hineingeschossen wird, können Heroinkonsumenten kaum beschreiben, so überwältigt werden sie davon. Andreas wusste, dass auf der anderen Seite seines Fixerdaseins das richtige Leben darauf wartete, von ihm ausgefüllt zu werden, indem er Verantwortung für seine junge Familie übernahm. Er fand aber nicht die Kraft zu widerstehen, denn die Stimme von Mick Jagger säuselte ihm »Sister Morphine« ins Ohr und flüsterte: »Du schaffst es – du schaffst es, dir eine Nadel zu setzen.« Schließlich gab er ihr nach und setzte sich den ersten Schuss.

Ich weiß nicht mehr, wann, wieso, warum, ich weiß es einfach nicht mehr. Vielleicht will ich es auch gar nicht wissen. Ich kann mich auch nicht mehr daran erinnern, ob der erste Schuss wirklich so schlimm war, als das bisschen Blut aus der Vene tropfte. Ich verbrauchte beim Fixen weniger Stoff und war trotzdem besser drauf. Ein anderer Kick als beim Rauchen. Dann wusste ich: Das ist es! Klar! Logisch! Fixen ist eine geile Sache!

Am Beginn meiner Heroinabhängigkeit pflegte ich auf der Szene noch Freundschaften. Wir teilten uns das Heroin und halfen uns gegenseitig aus. Ich lernte aber sehr schnell, dass es unter Fixern keine echten Freundschaften gibt.

In den letzten Monaten bei der Bundeswehr tauchten dann weitere Probleme auf. In der Kompanie wurden Radios geklaut. Man brachte mich mit den Diebstählen in Verbindung. Ich verstand nicht, wieso man mich verdächtigte, denn ich hatte sie wirklich nicht geklaut. Ehrlich!

In meiner Kompanie herrschte immer die totale Langeweile und wir wollten Musik aufnehmen. Ich fragte einen Unteroffizier, ob wir uns seinen Radiorecorder ausleihen könnten. Er hatte nichts dagegen. Also holte ich den Recorder aus seinem Zimmer. Dabei wurde ich beobachtet und man beschuldigte mich des Diebstahls. Warum der Unteroffizier, den ich sehr gut kannte, später behauptete, ich hätte ihn nicht gefragt, kann ich mir bis heute nicht erklären.

Diese Geschichte hat mich einen Streifen meiner Uniform gekostet. Ich wurde degradiert und musste für eine Woche in den Bau.

Aber ich wagte es nicht, Sabine etwas davon zu erzählen. Wie sollte ich ihr erklären, warum ich nicht bei ihr und unserem Kind sein konnte? Ich versorgte mich vorher mit Stoff und schaffte es irgendwie, die Zeit abzusitzen. Ich wurde nur oberflächlich abgetastet, aber nicht auf Drogen kontrolliert, so konnte ich etwas in den Bau hineinschmuggeln. Als Folge dieser Woche wurde ich von allen schief angesehen und als Kameradenschwein beschimpft.

Nach der Bundeswehrzeit bewarb ich mich als Fahrer bei einer großen Spedition und bekam tatsächlich den Job. Ich hatte bei der Bundeswehr ja meinen Lkw-Führerschein gemacht. Nun war ich wieder beruhigt, denn ich konnte meine Familie doch versorgen. Was immer sich in meinem Kopf abspielte, das Wichtigste war in dem Moment, Sabine nicht zu enttäuschen und für Jana ein guter Vater zu sein.

Ich rauchte und fixte weiter Heroin. Aber nicht jeden Tag. Gekifft habe ich so, wie andere Zigaretten rauchen. Ab und zu sniefte ich auch wieder Koks. Acht, neun, zehn Stunden und länger saß ich jeden Tag auf dem Bock. Ich war in dem Lkw völlig auf mich alleine gestellt. Damit kam ich überhaupt nicht klar. Diese Einsamkeit als »Kapitän der Straße« mit dem illusorischen Hauch von Freiheit und Abenteuer war nicht mein Ding.

Die Trennung von der Familie und mein Drogenkonsum warfen mich immer mehr aus der Bahn. Und ziemlich bald reichte mein Verdienst als Lkw-Fahrer nicht mehr aus, um meinen Drogenbedarf zu finanzieren. Ich musste mir also etwas »dazuverdienen«. Zeitweise war ich so dicht, dass ich nicht verstehen kann, wieso ich nie einen Unfall verursachte. Ich bin auch niemals bei einer Verkehrskontrolle aufgefallen. Das grenzte echt an ein Wunder.

Ich arbeitete ungefähr schon drei Monate als Lkw-Fahrer und lud dabei immer öfter meinen Wagen mit Waren voll, die gar nicht auf meiner Liste standen. In der Speditionshalle von der Größe mehrerer Fußballfelder wurden täglich hundert Lkw beladen, und so war es auch nicht allzu erstaunlich, dass meine Diebstähle zunächst nicht entdeckt wurden. Dann übertrieb ich es aber und der Lagerverwalter beobachtete mich.

Als ich an einem Nachmittag einen Fernseher mitgehen lassen wollte, wurde ich von ihm dabei erwischt. Er rannte auf mich zu und ich sprang voller Panik auf den Bock und fuhr mit offener Laderampe los. Der Lagerverwalter verfolgte mich mit einem Pkw und stellte mich. Ich musste zum Chef und alle schrien mich an, ich sollte endlich zugeben, dass ich mehr als nur den einen Fernseher gestohlen hätte. Dann musste ich ein Papier unterschreiben und wurde fristlos entlassen.

Um Sabine meine Kündigung zu verheimlichen, bin ich jeden Morgen aufgestanden und habe so getan, als würde ich zur Arbeit fahren. Aber es dauerte nicht lange und mein ehemaliger Chef informierte Sabine über den Vorfall.

Ich hatte immer mehr Probleme mit dem Essen, musste ständig kotzen und konnte kaum etwas bei mir behalten. Aber das ist bei Junkies normal. Es machte mir auch nichts aus. Zusehends vernachlässigte ich meine Körperpflege. Das begann beim Rasieren und endete beim Waschen. Alle Fixer vernachlässigen ihr Äußeres, nehmen sich selbst nicht mehr wahr, haben nur noch die Spritze im Kopf und denken immer an die geeignetste Stelle an ihrem Körper, in die sie die nächste Nadel hineinjagen können.

Doch irgendwann gelang es mir selbst auf Heroin nicht mehr, meine Sorgen zu verdrängen. Auch wenn ich drauf war, überfielen mich die Schuldgefühle. Nicht nur das Gefühl, meine Familie zu enttäuschen. Ich war auch von mir selbst enttäuscht und hatte ein schlechtes Gewissen. Und dann musste ich noch mehr Drogen nehmen, denn mit den Gewissensbissen, die mich seelisch schwer demütigten, konnte ich schlecht umgehen. So geriet ich in einen Teufelskreis, der kein Ende nehmen wollte. Ich betäubte meine Gefühle weiterhin mit Heroin und verdrängte meine Ängste vor der Verantwortung. In diesem Zustand bemerkte ich nicht, dass ich dieser Spirale nicht mehr entfliehen konnte und mich in mir selbst verlor.

Trotzdem gestand ich mir in jener Zeit nicht ein, süchtig zu sein. Von dieser Einsicht war ich meilenweit entfernt. Ich glaube, dass sich das kein Süchtiger eingesteht, selbst dann nicht, wenn er mal wieder einen qualvollen Affen schiebt. Ich war in diesen Momenten wieder der Mann, der seine Familie nicht versorgen konnte, obwohl das für mich so wichtig war. Es ist sehr schwer, zu begreifen. Ich habe damals alles durch den Schleier der Droge gesehen und kann manches heute noch nicht verstehen.

Jedenfalls wurde es immer schlimmer. Bis dahin hatte ich mich auf der Straßenszene unserer Stadt mit Heroin versorgt. Später fuhr ich wieder nach Dortmund. Da gab es alles, was mein Junkie-Herz begehrte. Die Dealer standen meist vor den Spielhallen. Sie hatten einen Blick dafür, warum du über die Straße läufst. Die Gier nach Droge steht jedem Fixer auf der Stirn geschrieben, zumindest erkennen dies die Dealer. Wenn man mit suchendem Blick an ihnen vorbeigeht, zischen sie nur kurz. Kaum hat man sich umgedreht, kommt sofort die Frage: »Wie viel?«

Die Dealer hatten kleine Kügelchen im Mund, Bobbels, wie kleine Luftballons, je nach Wunsch abgepackt: ein halbes oder ganzes Gramm. Bei einer Polizeikontrolle schluckten sie das Heroin hinunter. Danach gingen sie auf die Toilette, um es wieder von sich zu geben und verkaufen zu können.

Als ich das erste Mal Heroin kaufte, fühlte ich mich mehr als schlecht. Ich kam mir erbärmlich und dreckig vor. Genauso dreckig wie die Toiletten in den Spielhallen, in denen wir uns nach dem Kauf des Heroins sofort einen Druck setzten.

Ende der Familienidylle

*Du sagst, du hast den Schlüssel gefunden,
den Schlüssel zu deinem Ich, um dich zu öffnen.
Du gehst in dich hinein und tötest deine
Gedanken und all deine Gefühle für die
Menschen, die dich lieben.*

Unbekannter Fixer

Der Süchtige nimmt die Droge nicht, um am Wochenende mal mit einem breiten Grinsen durch die Gegend zu laufen und Spaß zu haben. Er benutzt die Droge, um ein schlechtes Gefühl zu verdrängen und *auch* mal Spaß empfinden zu können. Wenn man jung ist, weiß man nicht, warum man eine Droge nimmt und was in einem Körper passiert, denn anfangs ist ihr Konsum ja meist von positiven Gefühlen begleitet.

Ich nahm nie Heroin, wenn ich Jana im Auto hatte. Auch nicht in Situationen, in denen es mir verdammt dreckig ging und ich befürchtete, ohne das Gift zu krepieren. Und wenn ich mal wieder einen Affen schob, gestand ich mir trotz der quälenden Entzugserscheinungen nicht ein, süchtig zu sein. Das war für mich kein Entzug. Jedenfalls war es mir damals nicht bewusst, falls man in einem solchen Zustand überhaupt ein Bewusstsein hat. An eine Regel hielt ich mich eisern: Ich benutzte niemals Spritzen von anderen Fixern.

Zu Hause spitzte sich schließlich die Situation immer mehr zu. Mir ging es schlechter, aber keiner bemerkte es. Und wenn ich es ab und zu einmal wagte, in den Spiegel zu schauen, blickte mich ein Häufchen Elend an, ein menschliches Wrack, das in den Wellen der Sucht ohne Steuermann hin und her getrieben wurde.

Ich machte Sabine immer häufiger an. Wenn ich keinen Stoff hatte, rastete ich völlig aus. Ich habe meine Frau zwar nie geschlagen, wurde aber immer ausfallender, immer unordentlicher, dreckiger und sah total heruntergekommen aus.

Merkte denn wirklich keiner, dass ich an der Nadel hing? Weil nicht sein kann, was nicht sein darf? »Unser liebes Kind nimmt doch keine Drogen.« Ich glaube, viele Eltern denken so. Es übersteigt die Vorstellungskraft der meisten, dass so etwas in der eigenen Familie passieren kann. Und so wollte es auch Sabine nicht wahrhaben. Sie duldete, dass ich ab und zu kiffte, aber alles andere war für sie unvorstellbar. Wie sollen Eltern etwas schnallen, wenn schon die eigene Frau nichts bemerkt?

Es taucht immer wieder die Frage auf, ob die Bezugspersonen von Drogenkonsumenten Weltmeister im Verdrängen sind? Oder sind Fixer wirklich so gute Schauspieler? Einige aus der Szene sind in der Tat so gut, dass sie einen Oscar verdient hätten.

Ich setzte mir immer öfter Schüsse auf unserer Toilette. Wollte Sabine in diesen heiklen Situationen reinkommen, rastete ich völlig aus und weigerte mich aufzuschließen. Ahnte Sabine, was sich hinter der verschlossenen Tür abspielte?

Eines Tages fand sie mich bewusstlos auf der Toilette und rief meinen Vater zu Hilfe. Als sich beide um mich kümmerten, erwachte ich aus meiner Ohnmacht und fragte bloß: »Was ist denn los?« Spätestens damals merkte meine Familie endlich, dass mit mir irgendwas nicht stimmte. Oder besser gesagt: Es wurde zum ersten Mal darüber geredet.

Sabine und meine Eltern texteten mich von allen Seiten zu, ich solle endlich eine Drogenberatungsstelle aufsuchen. Also tat ich ihnen den Gefallen. Bei dem Gespräch machte mir die Sozialarbeiterin klar, wie stark ich schon drauf war und dass ich dringend in Therapie müsse. Ich stand immer noch auf dem Standpunkt: Ich brauche doch keine Hilfe! Wozu denn? Ich packe das auch ohne! Aber ich war der Einzige, der daran glaubte.

Dabei wurde mein Zustand immer schlechter. Die Ohnmachtsanfälle häuften sich und in immer kürzeren Abständen schob ich einen Affen. Sabine drohte mir das erste Mal, mich aus der Wohnung zu werfen. Ich beteuerte immer wieder: »Klar! Ich höre auf! Überhaupt kein Problem.« Was ein Fixer halt so sagt, wenn der Tag lang ist.

Und meine Tage waren sehr lang, wenn ich wieder auf der Suche nach dem nächsten Schuss war. Was interessierte mich dann noch mein dummes Geschwätz von gestern, wenn ich den Stoff vor mir sah! Ich hatte zwar eine wahnsinnige Angst, Sabine und Jana zu verlieren, konnte aber nicht zeigen, dass ich sie über alles liebte. Das Gift betäubte meine Gefühle. Ich hatte andere Sorgen und musste immer den nächsten Schuss organisieren, damit ich zumindest ein bisschen ruhiger wurde.

Sabine fand mich immer häufiger bewusstlos auf der Toilette. Ich hatte tierisch abgenommen und drückte immer mehr, manchmal vier bis fünf Gramm am Tag. Bereits kurze Zeit nach dem letzten Schuss überlegte ich mir schon, woher ich den nächsten herbekommen könnte. Ich kannte keinen, der so viel drückte wie ich. Ständig ballerte ich mir dieses Scheiß-Heroin in meinen ausgelaugten Körper. Und wenn ich Koks bekam? Klar! Sofort rein damit! Egal, was! Hauptsache dicht!

Ich kaufte zwischenzeitlich bei einem Farbigen in Holland zu günstigen Konditionen Koks und Heroin. Das war ausgesprochen reines Heroin. Ich vertickte es in Deutschland, um meinen eigenen Konsum finanzieren zu können.

Nach einer der Einkaufsfahrten setzte ich mir mit einem Bekannten den Druck auf einem Parkplatz. Sofort nach dem Schuss verlor er das Bewusstsein und sank auf dem Beifahrersitz zusammen. Ich bekam die totale Panik und raste wie ein Irrer mit eingeschalteter Warnblinkanlage und Dauerhupen über rote Ampeln ins Krankenhaus. Als wir wie durch ein Wunder ohne Unfall dort ankamen, zog ich ihn vom Beifahrersitz und schleppte ihn in Richtung Eingang. Plötzlich schlug er die Augen auf, lächelte und flüsterte nur: »Geiles Zeug!« Ich atmete erleichtert auf und wir taumelten zurück ins Auto.

Immer öfter beschaffte ich mir durch Diebstähle das dringend benötigte Geld. Ich packte jede Gelegenheit beim Schopf und griff sofort zu, wenn ich irgendetwas mitgehen lassen konnte. Obwohl es mir seelisch total mies ging, sah ich immer noch nicht so kaputt aus, wie man sich gemeinhin einen Fixer vorstellt. Schließlich zog ich eine der geilsten Nummern ab, um mir Geld für den Stoff zu besorgen.

Ich zog mir einen Blaumann über, fuhr mit einer Sackkarre in ein Kaufhaus, stellte drei Fernsehgeräte darauf und schaffte es, den Laden ungehindert zu verlassen. Frechheit siegt. Es klappte immer wieder und so klaute ich auch Mikrowellengeräte, Staubsauger und Videorecorder mit dem Sackkarrentrick.

Ich verlor alle Hemmungen vor dem Eigentum anderer Leute: Hauptsache, ich hatte Geld für den nächsten Stoff. Wenn irgendwo Geld herumliegt, dann verwandelt sich der Geldschein vor deinem Auge in ein kleines Briefchen, in dem das heiß geliebte Heroin verpackt ist. Man sieht nur noch den Gegenwert der Droge, den man dafür kriegt.

Manchmal nahm ich Jana im Kinderwagen mit nach Dortmund. Ich taumelte in Schlangenlinien über die Drogenszene und besorgte mir den nächsten Schuss Heroin. Die ganzen Gaffer, die mich anstarrten und deren Augen sich mit unverschämten Fragen in meinen Kopf bohrten, gingen mir tierisch auf den Geist, aber der Kinderwagen bot eine gute Tarnung als treu sorgender Familienvater.

Aber ich habe das Heroin erst gedrückt, nachdem Jana wieder in der sicheren Obhut ihrer Mutter war. Ich hätte es mir nie verziehen, wenn ich mit meiner Tochter im Auto einen Unfall verursacht hätte, denn ich wurde immer häufiger von jetzt auf gleich bewusstlos.

Heroin – die Spritze sitzt im Kopf

Oft fragen mich Jugendliche, ob man nach einer einzigen Spritze schon süchtig ist. Du bist nicht sofort körperlich abhängig, aber bereits nach dem ersten Schuss Heroin sitzt die Spritze in deinem Kopf. Wenn du ein einziges Mal dieses Gefühl erlebt hast, schreit deine Seele permanent nach demselben Kick. Du jagst immer dem ersten geilen Gefühl hinterher.

Aber es wird niemals wieder so sein wie beim ersten Mal. Bereits nach einer kurzen Zeit wachst du mit diesem Zittern auf, das dich künftig Tag für Tag begleiten wird. Die ersten Anzeichen eines Entzuges sind ähnlich wie die einer leichten Erkältung. Man bekommt Schnupfen und abwechselnd wird dein Körper heiß und kalt. Dann nimmt die »Erkältung« zu und die innere Unruhe ist kaum noch zu ertragen.

Irgendwann spürst du die ersten Krämpfe. Je länger du konsumierst, umso heftiger zerreißen sie deinen Körper, der ohnehin nur noch aus Haut und Knochen besteht. Du bekommst Durchfall und überall Schmerzen. Das kannst du nur mit Schmerzmitteln oder Alkohol ertragen. Diese grauenhaften Schmerzen befallen alle Organe.

Die schlimmste Phase des körperlichen Entzugs zieht sich über drei Tage hin. Aber dann meldet sich der Kopf wieder, denn die Spritze sitzt ja nicht in der Armbeuge, sondern im Kopf, in deinen Gedanken, die ziellos umherirren. Im Kopf spürst du nach dem Entzug auch wieder diese unbeschreibliche Leere, die aufgefüllt werden will mit diesem Scheißgift, damit du dich wieder wohl fühlst. Du weißt, es ist Scheiße, und du machst es trotzdem, denn du fühlst dich nur mit dieser chemischen Krücke gut. Alles andere drum herum ist schon so weit kaputt, dass du dich gar nicht mehr gut fühlen kannst.

Fixer sind auf der ständigen Suche nach diesem Flash, dieser lustvollen Welle, die ihren ganzen Körper durchströmt. »Nimm deinen besten Orgasmus mal tausend und du bist nicht annähernd da, wo du sein könntest, wenn du Heroin genommen hast.« Dieser Satz aus dem Film »Trainspotting« beschreibt den Zustand schon ziemlich gut, aber ich habe noch mehr erlebt.

Wenn du die Spritze abdrückst und der Stoff wie eine warme Welle durch deinen Körper strömt, hast du von einer auf die andere Sekunde das Gefühl, wieder im Bauch deiner Mutter zu sein. Absolute Ruhe, geschützt, keine Angst, du fühlst dich nicht allein, dieses unruhige Kribbeln im Bauch verschwindet, du hast keine Pflichten, bist frei von allen Sorgen, die deinen Alltag bestimmen. Alles andere zählt nicht.

Die vielen Nebenwirkungen werden vom Junkie als normal empfunden. Ich musste mich zum Beispiel ständig kratzen. Manchmal kratzte ich mir die Haut blutig und bemerkte es nicht. Mir wurde häufig übel, wenn ich Heroin genommen hatte, und ich musste mich oft übergeben.

Hunger auf normales Essen hatte ich in dieser Zeit eigentlich überhaupt nicht, nur auf Süßigkeiten. Wie nach der Kifferei: Schon damals hatten uns in der Clique solche Fress-Attacken überfallen, dass wir alles in uns hineinstopften, was wir nur zu fassen kriegten, und die Kühlschränke leer geplündert haben.

Lieber tot als süchtig

>*»Es grenzt fast an ein Wunder,*
>*dass ich noch auf dieser Erde bin.«*

Mein Fiesta, den ich noch während meiner Bundeswehrzeit in einem Top-Zustand erstanden hatte, war durch die Einkaufsfahrten nach Holland und die mangelnde Pflege total abgewrackt. Ich entwickelte mich zu einem menschlichen Wrack und trotzdem freute ich mich immer wieder auf die Fahrten nach Amsterdam. Dort erwarteten mich zwar keine frenetischen Anfeuerungsrufe begeisterter Zuschauer, mir wurde auch kein Pokal in Anerkennung einer sportlichen Leistung überreicht, sondern nur ein paar Gramm des hellbraunen Pulvers. Aber das ermöglichte mir die Reise in das Land meiner Träume.

Und dann wieder überfiel mich totale Panik. Ich merkte plötzlich, wie tief ich drinsteckte, dachte nur noch daran, wie ich an Drogen kommen könnte, und fand irgendwann keine vernünftige Vene mehr. Also spritzte ich mir in die Beine, benutzte aber immer nur eigene und saubere Spritzen. In der Beziehung zu »Sister Morphine« versuchte ich im wahrsten Sinne des Wortes »sauber« zu bleiben.

Wenn wir richtig viel Stoff hatten, machten wir unsere Spritz-Sessions. Wir füllten eine Spritze mit Koks und die andere mit Heroin. Dann legten wir uns hin, stellten unsere Beine an die Wand nach oben, um das Blut in der Körpermitte zu konzentrieren. Auf der rechten Seite spritzte ich mir Heroin und ein anderer Junkie drückte mir in den linken Arm die Fixe mit Koks. Die unterschiedlichen Wirkungen der Drogen treffen in der Mitte des Körpers aufeinander und lassen dich quasi explodieren.

1990 wurde ich auf einem Parkplatz in Dortmund bewusstlos, als ich mit einem anderen Junkie in meinem Auto fixte. Mit einem Schlag wurde es um mich herum stockdunkel. Als ich erwachte, war der andere verschwunden. Ich konnte mich nicht mehr erinnern, wie lange ich bewusstlos in meinem Auto gelegen hatte. Und an dem Tag verlor ich nicht nur das Gefühl für Zeit und Raum und das wirkliche Leben, sondern auch die Lust an diesem Fixer-Leben.

Die Frage nach der endgültigen Lösung meiner Probleme stellte sich mir immer drängender. Irgendwann ließ ich im Auto noch einmal mein Leben Revue passieren. Das Bein schmerzte und ich setzte mir einen Schuss, um dem Affen seinen Zucker zu geben.

Mein Entschluss stand fest: Ich wollte mir das Leben nehmen. Das wäre das Beste. Das Beste für alle. Nur ein kleiner Schuss, ein kleiner Stich im Körper, eine kleine Dosis mehr. Ich war an dem Punkt meines Lebens angelangt, an dem jeder meiner Schritte ins Grab führen konnte, ob beabsichtigt oder nicht. Ganz unspektakulär schläfst du ein und wirst nie mehr wach. Warum sollte ich Angst vor dem Tod haben, wenn es ein ewiger Schlaf ist und das Heroin mich meinem ersehnten Dämmerzustand immer näher bringt?

Aber dann dauerte mir das zu lang: Ich startete den Wagen und fuhr gegen einen Baum. Der Aufprall war jedoch nicht stark genug und mein Selbstmordversuch scheiterte. Selbst dazu schien ich nicht fähig zu sein. Und genau in diesem Moment war ich froh, dass mein Versuch missglückt war, und spürte, wie sehr ich doch an diesem Scheißleben hing. Ich konnte mich aus dem total demolierten Fahrzeug befreien, die Fahrertür öffnen und einfach aussteigen. Ich musste dringend pinkeln.

Kurze Zeit später erschien die Polizei am Unfallort. Ich werde es nie vergessen. Ein Beamter kniete sich vor das Auto und zog seinen Finger durch die Urinlache. Er dachte wohl, es sei Benzin. Den Irrtum merkte er erst, als er an seinem Finger roch. Die Beamten fanden eine Spritze und nahmen mich mit auf die Wache. Ich musste bei der Befragung nach dem Unfallhergang ständig grinsen.

Mein Vater holte mich auf der Polizeiwache in Dortmund ab und fuhr sofort mit mir ins Krankenhaus, da ich starke Schmerzen im Bein hatte. Dort wurde mir Blut abgenommen und unter anderem ein Aids-Test gemacht.

Ich konnte mich unmöglich infiziert haben, denn ich hatte weder sexuelle Kontakte mit anderen noch unsaubere Spritzen benutzt. Andere Frauen und fremde Spritzen interessierten mich nicht. Die einzige Frau, um die meine Gedanken ständig kreisten, war Sabine. Ich betrog sie nicht mit einer anderen Frau, sondern lediglich mit »Sister Morphine«.

Die Ärzte mussten mein Bein aufschneiden, damit der ganze Eiter abfließen konnte. Eineinhalb Liter! Ich habe nie mehr in meinem Leben ein derart vereitertes Bein gesehen. Die Entzündung war so stark, dass man mir die harte Diagnose nicht ersparen konnte: Das Bein müsse vermutlich amputiert werden. Die Entzündung kam daher, weil ich in der letzten Zeit keine geeignete Vene mehr gefunden und mir die Nadel direkt in den Muskel gejagt hatte.

Nun war ich mal wieder an dem Punkt angelangt, an dem ich mir sagte: Jetzt wirst du aufhören! Der Gedanke reifte in mir selbst. Ich wollte auch wieder ein normales Familienleben mit Sabine und Jana führen. Aber Denken und Handeln sind für einen Fixer zwei ganz unterschiedliche Dinge.

Die Krankenschwestern verabreichten mir etwas gegen die Entzugserscheinungen. Aber das Mittelchen wirkte nicht und ich fühlte mich weiterhin schlecht. War wohl nichts mit dem warmen Entzug? Ich wurde von unglaublichem Schüttelfrost befallen und Übelkeit und Erbrechen und Durchfall und was man sonst noch alles so kriegen kann, wenn man einen Affen schiebt. Wenn du das nie selbst erlebt hast, kannst du dir auch nicht vorstellen, wie schlimm das ist.

Fixer berichten, dass der ganze Körper beim Entzug rebelliere und alles, was im Innern des Menschen stecke, nach außen gekehrt würde. Starker Schüttelfrost beutelt sie und gleichzeitig spüren suchtkranke Menschen die Hitze, die ihren Körper verbrennt wie ein Fegefeuer. Immer wieder schreien diese verlorenen Seelen um Hilfe. Aber nur sie selbst können ihre eigenen grellen Schreie hören. Für die anderen scheinen sie lautlos. Kann sie wirklich niemand hören?

Ich habe schon oft einen körperlichen Entzug hinter mich gebracht. Wenn du einen Affen schiebst, liegst du zitternd und mit Magenkrämpfen in der Ecke, krümmst dich vor Schmerzen und musst dich übergeben. Und wenn du kein Heroin hast, nimmst du was anderes. Ich habe z. B. Rohypnol gespritzt, ein starkes Schlafmittel. Eine einzige Tablette davon haut einen gesunden Erwachsenen für mindestens einen Tag aus den Schuhen. Ich zerkleinerte bis zu fünf Tabletten, löste sie auf und spritzte sie mir, um den Entzug nicht so heftig zu spüren.

Die Junkies, die in der Ecke liegen oder torkelnd durch die Gegend laufen, sind nicht diejenigen, die sich gerade einen Schuss Heroin gesetzt haben. Das sind die, die kein Geld für Heroin haben und sich aus Angst und Verzweiflung vor dem Affen Schlaf- und Beruhigungsmittel in Verbindung mit Alkohol reinknallen.

Jedenfalls hat das mit dem Entzug im Krankenhaus nicht funktioniert. Obwohl Sabine mich dort besucht hat, war mir klar, dass ich sie verlieren würde. Denn was immer ich ihr versprochen hatte, ich konnte es einfach nicht halten. Ein Fixer hat sein Versprechen bereits in dem Moment, in dem es als Lüge den Mund verlässt, vergessen. Fixer haben etwas mit Politikern gemein, die vor der Wahl alles versprechen und danach nichts halten, nach dem Motto: Was stört mich mein dummes Geschwätz von gestern? Aber heroinkranke Menschen tun dies nicht, um ihre Macht zu erhalten – denn in Wirklichkeit sind sie ja der Ohnmacht nahe –, und auch nicht, um andere Menschen zu verletzen, sondern weil sie nicht anders können. Man muss ihre Lügen als Symptom ihrer Suchterkrankung begreifen.

Und es kam, wie es kommen musste. Sabine und ich hatten vergeblich gehofft, dass es nun besser würde. Wir konnten unsere Zerrissenheit nicht wieder kitten. Die Aufrechterhaltung unserer Beziehung schien unmöglich, obwohl wir uns immer noch liebten.

Den Kontakt zu meinen Eltern hatte ich schon seit Längerem abgebrochen. Auch dies tat mir weh, aber am schlimmsten war für mich, dass Sabine mit Jana unsere gemeinsame Wohnung verlassen hatte und ich die beiden nicht mehr sehen konnte. Sie waren bei meiner Schwester Conny eingezogen. Aber das wusste ich nicht.

Da Sabine mich zuvor rausgeworfen und ich keinen Schlüssel mehr von unserer Wohnung hatte, verlor ich meine letzte Bleibe. Damit kam ich nicht klar. Es war sehr schlimm für mich, und ich weinte, als Sabine und Jana ihren Besuch beendeten und aus meinem Krankenzimmer nach Hause gingen. Ich musste ständig daran denken, wie es sein würde, wenn mich die beiden für immer verlassen würden. Das schmerzte so sehr, dass ich mich nur zumachen wollte, denn wenn ich nicht zu war, dachte ich nur an sie. Die Trennung tat mir unbeschreiblich weh. Und ich wollte diesen Schmerz nicht spüren. Ein Rausch war besser, als ständig diese seelischen Qualen ertragen zu müssen. Deshalb konnte ich nur einen einzigen Entschluss in meinem kranken Kopf fassen: Du musst raus aus dem Krankenhaus!

Als sich eine günstige Gelegenheit bot, bin ich einfach abgehauen. Mein Bein war noch nicht verheilt, aber die Entzündung war inzwischen so weit abgeklungen, dass ich wieder laufen, oder besser gesagt: humpeln, konnte. Wenn mir damals jemand gesagt hätte, dass diese kaputten Beine jemals sportliche Weltbestleistungen bringen würden, dann hätte ich ihn für verrückt erklärt, denn ich konnte mich damals kaum alleine aufrecht halten.

Nun hatte ich also keine Bleibe mehr. Der Dortmunder Bahnhof und das Milieu zogen mich magisch an. Manchmal kommt es mir vor, als sei es erst gestern gewesen, dass ich mir hier eine der unzähligen Spritzen in meinen Körper gerammt habe. Am Bahnhof lief immer dasselbe ab.

Wenn etwas gut funktioniert, dann ist es der Nachschub auf einer gut organisierten Drogenszene. Der »Bauchladen der Drogen« hat rund um die Uhr geöffnet, denn die Szene kennt kein Ladenschlussgesetz. Dieses Einkaufsparadies bietet 24 Stunden am Tag den Stoff feil, aus dem die Träume der Junkies sind. Und jeder Junkie fühlt sich glücklich, sobald er sich den teuer bezahlten Stoff in die kaputten Venen jagen kann.

Der Wartesaal des Bahnhofs, wo Reisende sich vor der Abfahrt nach Hause, zu einem Geschäftstermin oder zu einer Urlaubsreise die Zeit vertreiben, ist für viele Abhängige der Wartesaal auf den Tod, lediglich die Abfahrtszeit ist noch nicht bekannt. Heroinkranke Menschen verbringen einen Großteil ihres Lebens in dem ekelhaften Mief der Bahnhofstoilettenwelt, wo sie in den hintersten Ecken herumlungern, um sich die nächste Spritze zu setzen. Vielen wird übel, wenn sie ihren eigenen penetranten Schweiß riechen oder diesen unerträglichen Gestank von Erbrochenem und Urinlachen sowie die Mixturen des billigen Parfüms der heroinabhängigen Stricher, die ihren Körper für den nächsten Schuss verkaufen. Und dazwischen immer wieder der würzig süßliche Haschischgeruch, als liefe ein Messdiener mit einem Weihrauchfass hin und her.

Übelkeit steigt auf, man muss kotzen und atmet zwangsläufig durch den Mund. Man will vermeiden, dass dieser ekelige Geruch in die Nasenflügel steigt, denn er ist echt ätzend und die Kotze steht dir bis zum Hals. Jeder Junkie stinkt nach dem Gift und am stärksten, wenn er einen Affen schiebt. Das kann sich nur der vorstellen, der das Würgen im Hals selbst erlebt hat. Und trotzdem dreht sich in einem Fixerleben alles um dieses Scheißgift.

Ich hatte mehr Angst vor dem Leben als vor dem Tod

Manchmal denke ich noch an die Wegbegleiter meines ersten Lebens. Mit Ulf habe ich oft gekifft und später kauften wir gemeinsam unser Heroin ein. Er war mein erster Freund, der an dem Gift gestorben ist. Armin folgte ihm kurze Zeit später auf dem Weg in die ewige Dunkelheit. Trotz seiner Abhängigkeit war er kein Abzocker. Aber diese ehrlichen Exemplare findet man selten auf der Szene. Armin setzte sich mit seiner Freundin Susanne einen Schuss. Sie lagen im Bett und sind eingeschlafen. Als Susanne aufwachte, war Armin bereits tot. Susanne hat dies nie verkraftet und endete in der Klapse. Irgendwann waren meine wenigen Freunde gestorben und die anderen im Knast oder in einer Therapie.

Ich denke heute auch noch oft an die Leute auf der Szene, deren Namen mir nicht mehr einfallen. Ihre aschfahlen, eingefallenen Gesichter und abgemagerten Körper tauchen immer wieder vor meinem inneren Auge auf. Aber an die meisten Namen kann ich mich nicht mehr erinnern. Auch die Freunde von früher habe ich lange nicht mehr gesehen. Soll ich sie überhaupt Freunde nennen? Eigentlich gibt es auf der Szene keine echten Freundschaften, allenfalls Notgemeinschaften, um ein gemeinsames Ding zu drehen, sich Shore zu besorgen oder den nächsten Schuss.

Wie viele der menschlichen Wracks, die Andreas in der Fixerhölle kennengelernt hat, werden noch am Leben sein? Wer von den vielen Namenlosen hat überhaupt noch die Kraft, dieses Dahinvegetieren auf die eine oder andere Art zu beenden? Wem kann Andreas mit diesen Zeilen ein bisschen Hoffnung geben?

Ich habe mein Leben aufs Spiel gesetzt, fühlte mich als Abschaum der Menschheit, der keine Existenzberechtigung mehr hat. Und immer wieder keimte die verzweifelte Hoffnung in mir auf, dass ich es dieses Mal schaffen würde. Auf dem langen Weg aus der Sucht stolpere ich immer wieder über meine Vergangenheit. Ich kann sie nicht abschütteln und erkenne heute, in welchen Situationen sie mich stark macht, mich vorantreibt und wann sie mich wieder in ihren Bann ziehen will. Ich wollte doch nur raus aus dieser Wirklichkeit, fühlte mich aber wie in einer Falle hinter einem Gitter in einem menschlichen Zoo.

Heroinabhängige haben oft den unausgesprochenen Wunsch nach einer Rückkehr in die Geborgenheit der bürgerlichen Gesellschaft, die sie einerseits verachten und nach der sie sich andererseits sehnen. Die lange Reise zu sich selbst schärfte Andreas' Auge für den Blick auf die Welt um ihn herum, besonders auf die Menschen, die er liebt. Wer die Welt durch den Heroinnebel betrachtet, für den verzerren sich die Linien und Proportionen. Was flach ist, scheint erschreckend tief wie eine Schlucht, was kurz ist, scheint wie das endlose Asphaltband auf einem amerikanischen Highway.

Ich lebte nun auf der Straße, war auf der Walz, wie man unter den Obdachlosen, auch Berbern genannt, sagt, und war einer von ihnen. Ich tat alles, um an Drogen heranzukommen, und sackte immer tiefer in der Dortmunder Szene ab. Wir knackten geparkte Autos, denn Autoeinbrüche rentierten sich eher als kleine Diebstähle. Das ist absoluter Wahnsinn, was alles in Autos liegt! Jedenfalls kann man mit diesen Wertgegenständen gut Kohle machen.

Da ich in Dortmund für das Heroin wesentlich mehr bezahlen musste als in den Niederlanden, entschloss ich mich, wieder meine Connection nach Holland aufleben zu lassen.

Aber ich hatte ja kein Auto mehr. Deshalb mietete ich mir ein Fahrzeug und raste wie ein Irrer nach Holland. Direkt nach der Ankunft machte ich mich tierisch zu. Ich kann mich auch heute noch gut an den düsteren Herbsttag erinnern, weil der Stoff den grau verhangenen Tag in leuchtenden Farben malte. Das war der absolute Hammer!

Auf der Rückfahrt von Holland raste ich gegen die Leitplanke. Als ich den Schaden begutachtete, fasste ich den verrückten Plan, das Auto einfach nicht zurückzubringen. Ursprünglich wollte ich die Kiste schon abgeben. Aber nach dem Unfall überlegte ich: »Du musst mobil bleiben, um günstig an gute Drogen ranzukommen. Ohne ein eigenes Auto ist das schwierig.« Aus heutiger Sicht erscheint mir das mehr als schwachsinnig, denn die Autovermietung zeigte die Unterschlagung des Fahrzeugs natürlich an.

In der Folge geriet ich zum ersten Mal offiziell mit dem Gesetz in Konflikt. Ich kann mich nicht mehr genau daran erinnern, wie es weiterging, aber mein Vater regelte das wieder mal. Er ließ das Auto reinigen, reparieren und brachte den Wagen zurück. Das Verfahren wurde eingestellt, sodass ich mit einem blauen Auge davonkam. Wie er das damals geschafft hat, kann ich mir heute nicht mehr erklären. Aber dennoch zog ich aus dem Unfall und der Tatsache, dass mir nichts passiert war, keine Lehre. Im Gegenteil. Mein Drogenkonsum wurde noch heftiger.

Fixer ist ein »24-Stunden-Job«

>*»Es gab nichts anderes mehr in meiner Welt.«*

Junkie ist ein harter Job. Ich war vierundzwanzig Stunden für die Droge unterwegs, klaute Sachen und verscherbelte sie. Mit dem Geld besorgte ich mir den Stoff für den nächsten Schuss, jagte ihn in meinen kaputten Körper und schlief, bis der nächste Affe mich wieder auf die Reise schickte, um was zu klauen. Den ganzen Tag war ich damit beschäftigt und unterwegs.

Ich hatte ein schlechtes Gewissen wegen Sabine und Jana, wusste aber, die Droge würde es mir bald schon wieder abnehmen. Ich musste mich nur zumachen, brauchte aber immer mehr Stoff, um nicht diese ständige Angst zu spüren, dass Sabine und Jana mich für immer verlassen haben könnten. Das war eigentlich das Schlimmste.

Dann versuchte ich, ohne ärztliche Hilfe mit Medikamenten zu entziehen. Aber das funktionierte mit Rohypnol und anderen Beruhigungsmitteln irgendwie nicht. Meine Selbstversuche waren wohl deshalb zum Scheitern verurteilt, weil ich eigentlich überhaupt nicht aufhören wollte. Oder konnte. In dieser Zeit hatte ich wieder Kontakt zu meinen Eltern und sie wollten für mich einen Therapieplatz suchen.

Meine Haupteinnahmequelle war immer noch der Diebstahl von Videorekordern. Das funktionierte ganz gut, aber dann ereilte mich das Pech. Ein Hehler reklamierte ein defektes Gerät und verlangte den Verkaufspreis zurück. Das Geld hatte ich aber schon am selben Nachmittag für Stoff ausgegeben. Deshalb verscherbelte ich mein Mountainbike, steckte das Geld ein, gab dem Käufer des Videorekorders die Kohle und klaute mein Fahrrad, um es erneut zu verkaufen. Alles drehte sich nur noch darum, Geld zu beschaffen für die Droge. Es gab nichts anderes mehr in meiner Welt.

Ich hatte mehr und mehr Kontakt zu Ausländern, die Drogen verkauften. Bei denen ging es schon um recht heftige Summen. Nach dem zweiten Unfall hatte ich auch keinen Bock mehr, in den Niederlanden mein Heroin zu besorgen. Ich kaufte mir in Dortmund das Gift, das mich langsam, aber sicher umzubringen drohte.

Den ersten Schuss ballerte ich mir meist gleich auf der Bahnhofstoilette hinein. Die Bahnhofstoilette: Das Klischee wurde für mich zur traurigen Realität. Einmal wurde ich erst sechs Stunden später wieder wach und keiner bemerkte es. Ich lag während der ganzen Zeit bewusstlos auf der Toilette.

Ich schlief immer öfter draußen, weil ich bis spät in die Nacht auch in anderen Städten Drogen besorgen musste und meist den letzten Zug verpasste. Auf der verzweifelten Suche nach dem Stoff pendelte ich ständig zwischen Dortmund und Recklinghausen, Castrop-Rauxel und Herne hin und her.

Unterm Sternenhimmel zu nächtigen ist nicht halb so romantisch, wie man sich das immer vorstellt. Ich lebte auf der Straße, schlief in Schrottautos und nistete mich manchmal in einem billigen Hotel ein, meist in einer Absteige für Gestrauchelte. Ständig war ich auf der Suche nach irgendwelchen Drogen und musste aufpassen, nicht erwischt zu werden. Ich hatte weniger Angst vor der Polizei als vielmehr vor den ausländischen Dealern, denen ich Geld schuldete. Die Jungs waren nicht zimperlich. Sie bedrohten mich massiv, wollten mich schlagen, verprügeln, umbringen, wenn ich meine Schulden nicht bezahlen konnte.

Ich hatte schon immer kleine Geschäftchen mit Dealern gemacht, für die ich mit meinem Blaumann-Sackkarrentrick Sachen klaute. Der Trick funktionierte aber nur, solange ich noch relativ normal aussah. Doch mein Zustand verschlechterte sich von Tag zu Tag und ich war inzwischen nur noch eine traurige Gestalt. Lediglich der Blaumann schien meinen ausgezehrten Körper zusammenzuhalten. Ich fiel immer öfter auf und konnte auf diese Art und Weise keine Diebstähle mehr begehen. Das Personal beobachtete mich, sobald ich nur einen Fuß über die Schwelle eines Kaufhauses setzte.

Einige Junkies gaben mir zunächst noch auf Pump Heroin und Koks, weil ich immer irgendwie meine Schulden bezahlt hatte. Aber irgendwann wurde das Geld knapper, und die großen Dinger konnte ich nicht mehr bringen, weil es mir ziemlich dreckig ging. Dann wurde ich im Obi-Markt beim Diebstahl eines Bohrhammers erwischt. Einige Tage später bin ich bei Karstadt aufgefallen und wurde festgenommen.

Auf dem Polizeirevier hat man mich erkennungsdienstlich behandelt, mit Fotos, Fingerabdrücken und so weiter. Ich erinnerte mich in diesem Moment an meine Kindheit, als mein Vater mich zum Polizeipräsidium mitgenommen und mir die Kollegen des Erkennungsdienstes aus Spaß meine Finger geschwärzt hatten. Nun war aus dem Spiel bitterer Ernst und aus dem kleinen Jungen ein echter Krimineller geworden.

Nach der erkennungsdienstlichen Behandlung wurde ich in Polizeigewahrsam genommen. Ich musste sogar meine Schnürsenkel abgeben und alles, womit ich mich hätte verletzen oder umbringen können.

Im Gewahrsam hatte ich voll den Entzug und es ging mir hundeelend. Ich schrie ständig nach dem Beamten, denn ich wollte ein Mittel gegen den Entzug haben. Aber am Morgen brachte der Polizist mir bloß ein Frühstück: Toast mit Marmelade, allerdings ohne Messer. Damit hätte ich mich ja umbringen können. Können Beamte Gedanken lesen? Ich musste mir also mit einem Löffel die Marmelade auf den Toast schmieren.

Nach der Entlassung aus dem Polizeigewahrsam war ich mal wieder bereit, eine Therapie zu machen. Ich ging sofort zur Drogenberatungsstelle und durch Vermittlung meines Vaters erhielt ich auch schnell einen Platz. Mein Vater brachte mich zur Entgiftung in eine Klinik – eine Zwischenstation auf dem Weg zurück ins suchtfreie Leben.

Bevor man eine Langzeit-Therapie beginnt, muss man erst mal entgiften. Kurz vor der Fahrt in die Klinik hatte ich mir noch einen Schuss gesetzt. Den Rest vom Pac warf ich mit der Fixe in einen Mülleimer.

In der Klinik musste ich alles abgeben, die Uhr und meine Ausweispapiere, sogar meinen Ehering. Dann wurde ich in einen Raum gebeten, in dem sich alle Neuaufnahmen versammelt hatten. Alle Drogenabhängigen in diesem Zimmer waren noch heftiger drauf als ich. Davon war ich fest überzeugt. Wir saßen im Kreis um einen Tisch. Ich blickte in die ausgemergelten Gesichter und dachte nur: »So kaputt siehst du wirklich nicht aus.«

In dem Moment glaubte ich, dass es allen anderen noch viel schlechter ging als mir, und ich bekam voll die Panik. Die sahen alle total fertig aus! Ich musste weg, ich musste da raus. Wie von einem Roboter ferngesteuert, sprang ich plötzlich auf und rannte aus dem Aufnahmezimmer über den langen Flur der Klinik. Dann sah ich das geöffnete Fenster, schwang mich in hohem Bogen über den Fenstersims und sprang hinaus, ohne zu überlegen, in welchem Stockwerk ich mich befand. Ich hatte Glück. Es war das Erdgeschoss.

Ich rannte auf dem schnellsten Weg zurück zu dem Mülleimer, in den ich mein letztes Pac Heroin geworfen hatte.

Völlig verzweifelt und glücklich zugleich, dass das Gift noch da war, drückte ich mir das Heroin in die Vene. Nach dem Schuss taumelte ich weiter. Die Richtung war egal. Ich hatte ja auch kein Ziel und torkelte wie in Trance über die Straße. Bei einem dilettantischen Versuch, ein Auto zu knacken, wurde ich festgenommen, aber nach der Vernehmung konnte ich die Polizeiwache wieder als »freier Mann« verlassen.

Es ging immer weiter den Bach runter. Sabine würde mich nach meiner Flucht aus der Klinik nie mehr aufnehmen. Für sie war das Thema endgültig gegessen. Ich hatte ihr immer wieder versprochen, dass ich es schaffen würde. Als ich erfuhr, dass sie sich scheiden lassen wollte, war dies für mich der Weltuntergang. Fast täglich klingelte ich verzweifelt an unserer Wohnungstür, aber niemand öffnete. Ich stand vor der verschlossenen Tür und wusste immer noch nicht, dass meine Frau bei meiner Schwester Conny wohnte.

Als meine Eltern im Urlaub waren, nistete ich mich auf deren Balkon im Erdgeschoss ein. Der Balkon war ein behaglicheres Nest als die schmutzigen Zimmer in den Absteigen. Ich machte mich auf dem Balkon zu, und wenn das Heroin nicht mehr wirkte, dachte ich nur an Jana und Sabine. Das war der absolute Horror für mich.

Dann spritzte ich mir bei einem Schuss neben die Armbeuge. Mein Arm entzündete sich und wurde immer dicker, sodass ich keine andere Chance hatte, als mich wieder im Krankenhaus behandeln zu lassen. Hier wurde mir ein Liter Eiter entnommen. Ich bekam wieder Mittelchen für den Entzug, die nicht wirkten. Da ich wusste, wann die Medikamente mit dem Aufzug auf die Stationen geliefert wurden, bin ich von Station zu Station gelaufen und besorgte mir Ersatzstoff. Ich wusste genau, welche Medikamente mir den ersehnten Kick bringen würden, habe dementsprechend zugegriffen und mich damit zugemacht. Ab und zu kam auch mal jemand vorbei, der mir Heroin besorgte und im Gegenzug Tabletten von mir erhielt.

Der Kontakt zu Sabine war zu diesem Zeitpunkt total abgebrochen. Nur Conny besuchte mich im Krankenhaus und brachte mir immer frische Kleidung. Meine Schwester verriet mir aber nicht, dass Sabine und Jana bei ihr wohnten. Dann bemerkte Conny Blutflecken an meiner Kleidung. Obwohl ich beteuerte, dass ich nichts mehr nehme, ahnte sie, dass ich wieder, oder besser gesagt: immer noch, drauf war. Eigentlich war ich niemals richtig clean.

Im Krankenhaus besuchte mich aber auch einer der Dealer und hielt mir eine Knarre an den Kopf. Er gab mir einen Tag Zeit, um die Schulden zu begleichen. Aber wie sollte ich das Geld besorgen? Ich bat meinen Vater um Hilfe, und er versuchte mit meinem Schwager, der beim SEK (Sondereinsatzkommando) war, den Dealer im Krankenhaus abzugreifen. Aber der hatte scheinbar Lunte gerochen und kam nicht mehr ins Krankenhaus.

Ich wurde mit einem gesunden Arm entlassen, aber im Kopf war ich immer noch krank und landete wieder auf der Straße. Nach meinem körperlichen Zusammenbruch und dem versuchten Entzug mied ich die Drogenszene, denn ich hatte immer noch Schulden bei den Dealern, von denen ich Stoff auf Kommission zum Abticken erhalten hatte. Wie sollte ich die Kohle ranschaffen? Ich hatte keinen Bock auf eine Knarre am Kopf und wusste nicht mehr, was ich machen sollte.

Immer wieder tauchte der Gedanke auf, mein Leben freiwillig zu beenden, um dem unerträglichen Druck zu entfliehen. Ich wollte nur meine Ruhe. Vielleicht sogar die ewige Ruhe. Ewig. Aber was bedeutet schon ewig? Ewig kann verdammt lang sein. Vielleicht wollte ich mich auch umbringen, damit Sabine und Jana endlich Ruhe hätten und ich ihnen nicht weiter zur Last fallen würde. Nur: Ich hätte den ewigen Frieden gefunden und es wäre eine weitere Flucht aus meiner Verantwortung gewesen. Die Gedanken an Sabine und Jana vertrieben die Selbstmordgedanken, aber ich versteinerte immer mehr.

Andreas Gefühle waren eingemauert. Die Mauer des Brunnens, in dem er zu ertrinken drohte, wurde immer höher. Er konnte nicht mehr hinausklettern. Es müsste ihm jemand ein Seil in diesen Brunnen hinunterwerfen, einen Rettungsanker, an dem er sich aus dem Sog der Sucht befreien könnte. Körperlich und seelisch verletzt, suchte Andreas den Weg heraus. Nachdem er den Gedanken an Selbstmord verworfen hatte, kämpfte er ums Überleben. Auf dieser Achterbahn durch die Abgründe seiner Sucht war er zwar am Boden, aber noch nicht ganz zerstört. Er lebte immer noch auf der Straße, war aber noch nicht unter der Erde.

Ich kaufte weiterhin in Dortmund mein Heroin. Irgendwann wurde ich vom Käufer zum Komplizen und arbeitete für eine Autoschieberbande, fuhr geklaute Autos von einem Ort zum anderen. Dass es nicht nur um die Autos ging, wurde mir recht schnell klar, denn dafür wurde ich zu gut bezahlt. Der hohe Lohn orientierte sich scheinbar an dem Risiko, da mit den Fahrzeugen auch Drogen und gestohlener Schmuck transportiert wurden. Ich traute mich nicht, danach zu fragen, und öffnete auch niemals den Kofferraum. Für die Kurierfahrten erhielt ich kein Bargeld, sondern eine entsprechende Menge Heroin, sodass ich mir den Stoff nicht mehr auf der Straße besorgen musste.

Je länger ich für die Dealer arbeitete, desto mehr vertrauten sie mir. Ich glaube, dass sie mir zwar nicht hundert pro vertrauten, aber sie wussten, dass sie ein starkes Druckmittel hatten: meine Familie. Obwohl ich ja nicht mehr zu Hause wohnte, hatte ich Angst davor, dass sie Jana oder Sabine etwas antun könnten. So begab ich mich in eine gefährliche zweite Abhängigkeit, die mir aber eine Menge Heroin einbrachte.

Irgendwann reichte auch diese Menge nicht mehr aus, und ich begann wieder, mir mein Heroin auf Kommi zu besorgen. Ich musste wieder Ladendiebstähle begehen und hatte mir inzwischen auch eine Waffe zugelegt.

Einmal wurde ich von zwei Kaufhausdetektiven bei einem Ladendiebstahl erwischt. Sie führten mich in ein Treppenhaus, zu dem nur sie den Schlüssel hatten. Ihr großer Fehler: Sie hatten mich nicht durchsucht. Im Treppenhaus zog ich meine Waffe und brüllte sie wie ein Wahnsinniger an: »Los, gebt mir die Schlüssel!« Sie machten sich vor Angst fast in die Hosen. Blitzschnell hatte sich die Situation geändert. Eben noch war ich das kleine harmlose Würstchen, das sie wegen eines Diebstahls fertig machen konnten, und nun hatte ich den Spieß umgedreht und sie in meiner Gewalt. Als der eine mit zitternder Stimme was sagen wollte, schrie ich sofort wieder los. »Halt die Schnauze! Mach bloß keinen Fehler! Es könnte dein letzter sein!«

Sie schienen zu begreifen, dass ich in diesem Moment zu allem fähig gewesen wäre. Ich sperrte sie in die Toilette für die Angestellten. Dann rannte ich das Treppenhaus hinunter, mehrere Stufen auf einmal, und versteckte mich in einem alten Eisenbahnwaggon auf einem Abstellgleis. Ich heulte wie ein Schlosshund.

Dieser Waggon sollte für die nächsten Wochen mein Zuhause werden. Ich sackte immer mehr ab. Mein Körper war übersät mit offenen Stellen von den Einstichen und dem permanenten Kratzen. Das machte mich wahnsinnig! Als ob Ameisen durch den Körper rennen würden.

Ich erledigte immer weniger Aufträge für die Dealer, und meine Schulden bei ihnen stiegen von Tag zu Tag, da ich keine Gegenleistung mehr bringen konnte. Jeden Abend schwor ich mir im Waggon: »Nur noch einen einzigen Schuss. Morgen höre ich auf, so geht es einfach nicht mehr weiter!«

Ich hasste das Leben. Ich hasste alle Menschen. Aber am meisten hasste ich mich selbst.

Dann sollte ich mal wieder eine Fahrt für die Dealer machen. Sie sagten, es würde eine etwas andere Fahrt werden. Als wir zum Fahrzeug gingen, hatte ich schon ein mulmiges Gefühl. Ich befürchtete, sie würden mir was über den Kopf schlagen. Als sie den Kofferraum öffneten, verschlug es mir den Atem. Da lagen zwei junge Mädchen, die kurz zuvor grässlich verprügelt worden waren. Sie heulten fürchterlich. Aber die Dealer kannten kein Mitleid. Einer schlug dem am heftigsten weinenden Mädchen ins Gesicht, schrie: »Halt die Schnauze!«, und knallte den Kofferraumdeckel wieder zu.

Ich war total entsetzt und rannte los, als sei der leibhaftige Teufel hinter mit her. Ich wollte nur noch weg und konnte keinen klaren Gedanken mehr fassen. Jetzt war mir klar: Damit war eine Grenze überschritten.

Zu diesem Zeitpunkt hatte ich schon so viele Verfahren am Hals, über vier Jahre Gefängnis waren mir sicher. Ich erinnerte mich daran, dass mein Vater mir angeboten hatte, ich könnte ihn jederzeit anrufen, wenn ich Hilfe bräuchte. Aber jetzt brauchte nicht ich Hilfe, sondern ich wollte den Mädchen helfen. Ich wollte, dass diese Arschlöcher von Dealern hochgenommen würden.

Ich rief meinen Vater an und fragte ihn, ob wir die Dealer nicht festnehmen lassen könnten. Ganz so einfach war das aber nicht. Man muss die Dealer schon auf frischer Tat erwischen, sonst hat man keine Chance, ihnen auch etwas beweisen zu können.

Wir gingen gemeinsam zur Drogenfahndung. Die Polizisten schlugen mir ein Scheingeschäft mit den Dealern vor. Da es für diese Gruppe kein Problem war, eine größere Menge Heroin innerhalb kürzester Zeit zu besorgen, sollte ich einen verdeckten Ermittler an sie heranführen und ein Scheingeschäft über dreihundert Gramm Heroin einfädeln. Ich war sehr aufgeregt und mir nicht sicher, ob ich darauf eingehen sollte. Einerseits hatte ich Angst vor den Folgen, andererseits wollte ich die jungen Mädchen davor bewahren, als Nutten auf der Straße anschaffen zu müssen, um sich den Stoff zu verdienen. Letztendlich siegte der Entschluss, die Mädchen vor der Prostitution zu retten.

Ich willigte schließlich ein und kontaktierte die Dealer. Dabei entschuldigte ich mich für mein Verhalten und gestand, dass ich halt ein Weichei sei. Beiläufig fragte ich, ob sie auch an einen meiner Freunde Heroin verkaufen würden. Da dies für die Jungs nichts Besonderes war und man als Vermittler eines Drogendeals immer eine schöne Menge für sich selbst erhält, schöpften sie keinen Verdacht. So kam das Geschäft zustande.

An dem Tag, an dem der Deal stattfand, sollte ich mich mit den Drogenfahndern treffen. Ich war total aufgeregt. Ich setzte mir auf der Toilette noch einen Schuss und ging dann ins Rauschgiftkommissariat, wo die Beamten mir erklärten, wie der Einsatz ablaufen sollte. Die taktischen Strategien möchte ich hier nicht veröffentlichen, aber ich kam mir vor wie in einem Krimi.

Bevor ich mit dem verdeckten Ermittler in das Auto stieg, wurde ich durchsucht. Zu spät! Ich hatte mein Pac schon gedrückt und die Spritze weggeworfen. Dann fuhren wir los. An dem vereinbarten Treffpunkt stieg einer der Dealer in unser Fahrzeug und lotste uns aus der Innenstadt. Er schaute immer wieder nach hinten aus dem Fenster und checkte alle Fahrzeuge. Ich hatte wahnsinnigen Schiss, er würde die Autos der Observationsgruppe erkennen. Aber die Jungs waren richtig gut. Selbst mir sind sie nicht aufgefallen.

In einer ziemlich verlassenen Gegend forderte der Dealer den Ermittler auf, das Auto anzuhalten. Er stieg aus und sagte, wir sollen auf ihn warten. Es dauerte über eine halbe Stunde. Wir befürchteten schon, der Deal wäre geplatzt. Doch dann kam er wieder, stieg ins Auto und forderte uns auf loszufahren. Er gab mir etwa fünf Gramm Heroin. Ich testete es mit der Zunge und wusste sofort: Das ist das geile Zeug! Das verkaufen nur sie.

»Das ist guter Stoff!«, sagte ich zu dem Polizisten.

»Sag ich doch, super Qualität«, grinste der Dealer und wollte das Geld sehen. Der Beamte zog das Bündel Geldscheine aus seiner Jackentasche und bekam das Heroin überreicht.

Was für 'ne geile Zeit könnte man sich mit dieser Menge machen, dachte ich nur. Ich hatte zu diesem Zeitpunkt schon fast vergessen, was gleich passieren würde. Ich hatte ja immer noch die fünf Gramm Heroin in der Hand und hoffte nur, dass ich sie behalten konnte.

Nachdem der Dealer das Geld gezählt hatte, ging alles blitzschnell. In diesem Augenblick kam es zum Zugriff. Innerhalb von Sekunden waren wir von Fahrzeugen eingekreist. Aus einem alten VW-Bulli sprangen maskierte Polizisten, umstellten das Fahrzeug, richteten ihre Waffen auf uns und schrien uns wie die Wilden an. Sie zogen uns aus dem Fahrzeug und warfen alle auf den Boden. Mit der Gewehrmündung im Nacken lag ich auf der Straße. Doch nur ein einziger Gedanke war in meinem Kopf: »Hoffentlich denken die nicht an die fünf Gramm!«

Dann klickten die Handschellen und wir wurden in verschiedenen Autos abtransportiert. Der kurze Blickkontakt mit dem Dealer sprach Bände: Ihm war direkt klar, dass ich ihn gelinkt hatte.

Auf der Polizeiwache befreite man mich von den Handschellen. Wir lachten und waren froh über unseren Erfolg.

Ich glaube, der Druck war für den Polizisten genauso groß wie für mich. Kurze Zeit hatte ich sogar das Gefühl, einer von ihnen zu sein.

Dann kam der Beamte, der den Deal gemacht hatte, und schaute mir in die Augen. Was jetzt kam, wusste ich genau. »Hast du nichts vergessen?«, fragte er. Ich griff in meine Hosentasche und übergab ihm die fünf Gramm. Die Enttäuschung schien mir ins Gesicht geschrieben zu sein.

Nach der Aktion mit dem Scheingeschäft wurde die ganze Bande hochgenommen. Die Polizei durchkämmte das Waldstück, in dem der Dealer das Heroin gebunkert hatte, mit Rauschgiftsuchhunden und fand noch mehrere hundert Gramm. Als Anerkennung für meine Mitarbeit und aufgrund meiner schweren Suchterkrankung gab mir die Staatsanwaltschaft die Chance, statt in den Knast in eine Therapie zu gehen.

Der Weg zurück ins Leben

> *»Meine ganze Familie wäre fast draufgegangen, nur wegen so einer Scheißdroge.«*

Nach dieser Aktion konnte ich mich nirgends mehr blicken lassen. So was spricht sich schnell rum. Ich ging zum Sozialamt und wollte mein Leben ändern. Dann lernte ich Thomas kennen. Er leitete eine Einrichtung für Drogenabhängige und entlassene Knackis, so eine Art betreutes Wohnen. Im Erdgeschoss des Hauses war die Kneipe »Rasputin«.

»Komm einfach mal vorbei«, bot er mir an. Das war meine große Chance.

Ich lebte noch zwei bis drei Tage auf der Straße, machte mich noch mal so richtig dicht und begab mich anschließend auf den Weg, der mein Leben verändern sollte. Thomas teilte mir ein Zimmer zu und ich verspürte eine wahnsinnige Erleichterung.

Zwischenzeitlich hatte ich wieder Kontakt zu meinen Eltern. Jetzt erst erfuhr ich, dass Sabine bei Conny lebte und die Scheidung wollte. Ich versuchte mir vorzustellen, wie Jana jetzt wohl aussehen würde. Es war für mich besonders schlimm, nicht zu wissen, wie das eigene Kind aussieht. Sabines Bild konnte ich mir immer klar vor meinem geistigen Auge ausmalen, aber ein Kind in diesem Alter verändert sich, und ich bekam es nicht mit. Alles, was mir wertvoll war, hatte ich durch »Sister Morphine« zerstört. Aber nun wollte ich mein Leben selbst in die Hand nehmen.

Über die Einrichtung erhielt ich auch meine Sozialhilfe. Selbst wenn ich mich damals ausgenutzt fühlte, weil ich die ganze Drecksarbeit machen musste, war dies in letzter

Konsequenz mein Sprungbrett, um von der Droge wegzukommen. Mein Hausarzt verschrieb mir Tabletten zum Entgiften.

Dann begann ich Alkohol zu trinken. Die ganzen Jahre hatte ich keinen Dreh zum Alkohol gehabt. Der Turn beim Alk ist gegen den Flash des Fixers einfach ätzend. Den Orgasmus auf Heroin erlebst du mit keiner anderen Droge. In meiner Fixerzeit hatte ich nie Bock auf Alk gehabt. Jetzt trank ich schon morgens Alkohol, um ruhig zu sein. Ich kiffte noch ab und zu, aber harte Drogen packte ich keine mehr an.

Trotzdem war mir klar, dass ich es in der Einrichtung alleine nicht schaffen konnte. Ich wollte weg, wollte endlich in eine Therapie. Mein Vater organisierte innerhalb kürzester Zeit einen Platz in einer Fachklinik im Sauerland. Ich musste dafür meinen Lebenslauf niederschreiben und mich selbst um die organisatorischen Sachen kümmern: von der Kostenzusage der Krankenkasse bis zum Antrag auf erweiterte Sozialhilfe.

Sabine und Jana besuchten mich im »Rasputin«. Ich war überglücklich. Sabine sah schlecht aus. Sie hatte wahnsinnig abgenommen. Jana war groß geworden, ohne dass ich es miterlebt hätte. Das Leben lief an mir vorbei. Das tut heute noch weh. Fast unglaublich, was man damals alles gemacht und durchgemacht hat. Meine ganze Familie wäre fast draufgegangen, nur wegen so einer Scheißdroge.

Sabine sagte es mir direkt ins Gesicht, das, was ich die ganze Zeit befürchtet hatte: »Ich habe die Scheidung eingereicht!«

Mir stockte der Atem. Ich brachte keinen einzigen Ton heraus. Meine Frau glaubte nicht mehr daran, dass ich es jemals schaffen würde, mich aus dem Strudel der Abhängigkeit zu befreien. Ihre Einstellung kann ich heute gut verstehen. Ich traute mir ja selbst nicht über den Weg. In der Situation war ich wieder kurz davor, was zu nehmen, dachte sogar daran, mir den goldenen Schuss zu setzen. Aber irgendwie war der Wille dann doch da, endlich aus diesem Teufelskreis auszubrechen. Ich wollte es schaffen, weniger für mich, sondern vielmehr für Sabine und Jana. Ich wollte es ihnen beweisen, dass ich es dieses Mal packte, mich aus der Sucht zu befreien.

Endlich kam der ersehnte Tag. Mein Vater holte mich im »Rasputin« ab und wir fuhren zum Vorstellungsgespräch in die Therapieeinrichtung, zu der fünf Häuser gehörten. Hier lebten die Drogenabhängigen in einer Wohngruppe von maximal neun Personen als Familie zusammen. In anderen Gebäuden waren Werkstätten, die Küche, der Speisesaal, Therapieräume und unser Plenum. Ich durfte mir alles erst einmal anschauen und lernte die Leute kennen, mit denen ich später zusammenleben sollte.

Ich musste vorher noch in eine Fachklinik zum Entgiften, obwohl ich erklärte, schon entgiftet worden zu sein. Es wurden auch keine Entzugserscheinungen mehr festgestellt. Als ich drei Tage später aus der Klinik entlassen wurde, begann meine eigentliche Therapie in der »Holthauser Mühle« und damit die Reise in mein zweites Leben.

II

Denn für das Leben
ist es
nie zu spät!

Therapie in der Holthauser Mühle

Am 12. November 1990 begab sich Andreas auf den Weg in sein neues Leben. In der Holthauser Mühle musste er ohne zu kiffen, zu sniefen, zu fixen und ohne sich zu betrinken seinen Alltag bewerkstelligen.

Die ersten zwei Monate verhängten die Therapeuten eine totale Kontaktsperre. Alles war verboten: telefonieren, Briefe schreiben, selbst Post empfangen.

Nur amtliche Briefe durften zugestellt und beantwortet werden. Und genau diese Briefe waren für mich das Problem. Denn da kam Post von Sabines Anwalt. Sie belastete mich wegen der bevorstehenden Scheidung sehr stark. Schließlich erhielt ich einen Brief, der das Trennungsjahr amtlich festlegte.

Meine Frau hatte die Scheidung nicht freiwillig eingereicht, sondern erst nach Anraten von vielen Seiten. Sie sollte die Ehescheidung zu ihrem eigenen Schutz beantragen, da ihr bei einem Rückfall meinerseits die Vormundschaft über Jana übertragen werden würde.

Das war für mich der entscheidende Punkt. Ich sagte mir: »Okay, jetzt machst du die Therapie für dich ganz alleine und für keinen anderen Menschen auf dieser weiten Welt!« Obwohl ich meine Therapeutin um eine Ausnahme bat, durfte ich keinen Kontakt mit meiner Frau aufnehmen. Das tat sehr weh. Aber heute bin ich davon überzeugt, dass es richtig war.

Im Stufenmodell der Holthauser Mühle ist unter anderem festgehalten:

Thema der Stufe I ist die Motivation.

Das heißt: Es sollte eine Art »Suchttransfer« von der Droge auf die Gemeinschaft stattfinden. Je intensiver die Bindung zur Gemeinschaft, desto geringer ist die Gefahr des Abbruchs. Die Gemeinschaft stellt für die Bewohner der Mühle in dieser Stufe den geschützten Rahmen einer Familie dar, im Sinne einer »beschützenden« Mutter und als »ordnender Vater«. Der Bewohner bleibt 2 Monate in der Stufe I.

Konsequenzen der Stufe I für den Bewohner:

Keine Außenkontakte.

Besuche sind in dieser Zeit nicht erlaubt.

Sexueller Verkehr ist verboten.

Der Bewohner wird im Hausdienst für allgemeine Hilfsdienste eingeteilt.

Der Bewohner ist zwar als Gruppenmitglied voll anerkannt, aber bei Gruppenentscheidungen nicht stimmberechtigt.

Er soll an Freizeitangeboten im Hause teilnehmen.

Er ist ein Patenkind eines »therapieälteren« Bewohners.

In der Mühle war alles streng organisiert. Regelmäßig wurde mein Urin kontrolliert. Das war auch wichtig. Ein- bis zweimal in der Woche mussten wir vor dem Frühstück laufen. Ich fand das zum Kotzen. Drei Kilometer waren für mich damals die Hölle. Dass ich eine solche Tortur jemals freiwillig auf mich nehmen würde, hätte ich nie für möglich gehalten. Ich bin damals mehr gegangen als gelaufen. Die ersten zwei Monate ist man der Arsch in der Therapie. Man muss alle niedrigen Arbeiten verrichten. Die Therapeuten beobachteten mich mit Argusaugen, damit ich mich in keiner Form ablenken konnte.

Im ersten Therapiebericht war zu lesen:

Herr N. befand sich zur ersten medizinischen Versorgung auf der Aufnahmestation der Fachklinik Fredeburg. Die Integration in die Hausgruppe verlief zunächst völlig unproblematisch. Er war an allem interessiert, hatte schnell Kontakt zu Mitbewohnern.

Nach zwei Monaten begann die Arbeitstherapie. Hier hatte ich endlich etwas Abwechslung. Die totale Kontaktsperre wurde aufgehoben. Ich durfte wieder telefonieren und am Wochenende auch Besuch empfangen. Langsam, aber sicher kehrte das Leben zurück. Im Stufenmodell wird diese Phase so erläutert:

> War in Stufe I das Ziel der therapeutischen Arbeit noch weitgehend auf den Erwerb neuer und angemessener Selbst- und Fremdwahrnehmung gerichtet, was eine Vertiefung der Einsicht in die eigenen Konflikte zur Folge hat, so beginnt in Stufe II ein intensives Aufarbeiten der individuellen Problematik im Rahmen der Gruppe. Alle Verhaltensweisen werden bewusst gemacht und so können neue Möglichkeiten der Konfliktlösung eingeübt werden.

Schon nach Sabines erstem Besuch wollte ich die Therapie abbrechen. Ich sehnte mich nach ihr und spürte, dass sie mich wieder aufnehmen würde, bevor das Trennungsjahr abgelaufen war. Das war ein schönes Gefühl. Aber es war gut, dass ich nicht so schnell aus der Therapie entlassen wurde, wie ich es wollte. Ich war einfach noch nicht so weit, um das Leben in freier Wildbahn zu packen.

Dann musste ich wegen der Sache mit dem Scheingeschäft zur Gerichtsverhandlung. Mir wurde bei dem Gedanken ganz anders. Ich hatte die Polizeibeamten an die Dealer herangeführt und fürchtete Racheakte aus der Drogenszene. Ich hatte schreckliche Angst, aber ich war davon überzeugt, dass ich das Richtige getan hatte. Die Dealer hatten keinerlei Respekt vor dem Leben anderer Menschen und dadurch überschritten sie eine Grenze. Ich kann mich heute nicht mehr daran erinnern, ob ich wirklich aussagen musste oder ob die Indizien allein für die Verurteilung ausgereicht hatten. Ich kann oder will mich an manches wirklich nicht mehr erinnern und habe einiges total verdrängt.

Selbst die zeitliche Einordnung von Erlebnissen aus meiner Fixerzeit fällt mir manchmal schwer. Anderes wiederum ist mir in so lebhafter Erinnerung, als wäre es erst gestern geschehen.

Ich musste jeden Tag an der Gruppentherapie teilnehmen und entwickelte eine sehr starke Beziehung zu meiner Therapeutin. Wir sprachen immer wieder über meine Kindheit. Jeder in der Gruppe beteuerte zunächst im Brustton der Überzeugung: »Ich hatte eine ganz normale Kindheit!« Doch mit jeder weiteren Sitzung stellten wir fest, dass wir viele Ereignisse aus der Kindheit nicht verarbeitet hatten. Und aus den Situationen, die wir in der untersten Schublade unserer Erinnerungen versteckt hielten, wurden Mosaiksteinchen auf dem Weg in unsere Abhängigkeit.

Unsere Therapeutin öffnete meist die richtige Schublade und kramte die alten Sachen wieder raus. Sie fand relativ schnell den wunden Punkt bei den Patienten. Das war auch der Grund für die hohe Abbruchrate in dieser Gruppe. Viele konnten es nicht ertragen, wenn sie »geknackt« wurden. Wenn man diesen Knackpunkt erreicht, gibt es nur zwei Möglichkeiten: Entweder man spricht darüber oder man bricht die Therapie ab.

Ich war in dieser Zeit dreimal der Einzige, der aus der Gruppe durchgehalten hat, und darauf bin ich heute noch stolz. So rückten immer wieder neue Patienten nach und die Gruppe stellte sich wieder neu zusammen. Das war für mich nicht einfach. Ich musste immer wieder unbekannten Menschen meine Probleme schildern und das war ja mit qualvollen Erinnerungen verknüpft und ging an die Substanz. Aber wer weiß, wofür es gut war?

Ich konzentrierte mich auf die Arbeitstherapie in der Schreinerei. Die Ausbilder Achim und Kraushaar behandelten uns wie Lehrlinge. Ich habe dort sehr viel gelernt und fühlte mich von den beiden immer ernst genommen, deswegen werde ich sie auch nie vergessen. Damals lief der Film »Robin Hood« in den Kinos, von dem sie zum Basteln von richtig geilen Bogen angeregt wurden. Achim und Kraushaar hielten nicht viel von der Psychoanalyse und redeten auf mich ein: »Lass doch die ganze Psychokacke. Das brauchst du nicht mehr!«

Die akademischen Psychotherapeuten Inge und Bernd waren anderer Meinung und schrieben in ihrem Therapiebericht über mich:

Im gruppentherapeutischen Prozess entwickelte er viele Formen von Abwehrmechanismen wie »Diskutieren«, »Rationalisieren« und »Recht behalten wollen«. Insgesamt kristallisierten sich folgende Themenschwerpunkte heraus: Suchtverlagerungstendenzen (übermäßiges Fernsehen, Sport treiben, spielen), seine Beziehung zu seiner Ehefrau ...

Schließlich kam ich in den Genuss einer Einzeltherapie. Ich hatte zwar keinen Bock mehr, wollte mich mehr nach außen orientieren und mir eine Praktikumsstelle suchen, obwohl meine Therapeuten davon abrieten. Bei der Schreinerarbeit verbuchte ich kleine Erfolge, entdeckte meine Persönlichkeit wieder und entwickelte sie weiter. Ich baute Kinderspielzeug für Jana. Ihr Kaufladen existiert heute noch. Darauf war ich wahnsinnig stolz. Dann musste ich diese Gruppe verlassen, denn die Therapeuten wollten nicht, dass ich mich zu sehr in diese Holzarbeiten reinhänge. Sie sprachen immer wieder von Suchtverlagerung, deswegen wurde ich einem neuen Bereich zugeteilt: »Ab sofort arbeitest du in der Küche, damit du mal was Neues kennenlernst!«

Da hatte ich schon zehn Monate Therapie hinter mir und ständig Abbrüche und Rückfälle miterlebt – ohne selbst abzubrechen oder rückfällig zu werden. Viele konsumierten noch während der Therapie Alkohol oder andere Drogen.

Wie sollten sie da nicht rückfällig werden, wenn sie überhaupt je clean gewesen waren ...

Vor dem Hauptgebäude war an einem Baum ein Gong befestigt. Alle mussten nach dem Ertönen des Gongs in den Plenarraum. Dort durfte man alles sagen, was man wollte. Jeder, der etwas auf dem Herzen hatte oder sich nicht wohl fühlte, durfte den Gong schlagen. In der Mühlenordnung war er als Hilfe fürs Krisenmanagement vorgesehen:

> Wenn du in eine außergewöhnliche Krise kommst, hast du die Möglichkeit, sofort (Tag und Nacht) alle Bewohner sowie anwesenden Mitarbeiter zusammenzurufen. Zu diesem Zweck gibt es einen Gong auf dem Mühlengelände.

Ich wurde innerhalb kürzester Zeit vom Küchenhelfer zum »Küchenchef« befördert und brach öfter eine Sitzung ab, wenn dort etwas Dringendes zu erledigen war. Das war mir nur recht, aber den Psychotherapeuten passte es gar nicht. Sie sprachen wieder von Suchtverlagerung – wie immer, wenn mir in der Therapie etwas Spaß machte. Ich kniete mich voll rein, kochte gern für die anderen und mit unserer Hauswirtschafterin Marianne kam ich gut klar. Sie war eine waschechte Sauerländerin. Ich werde sie nie vergessen. Die anderen mochten Marianne nicht, weil sie sehr streng war, besonders was Sauberkeit betraf. Unsere Köchin hielt sich immer an ihren Etat und konnte selbst aus Resten noch ein leckeres Essen zubereiten.

Als sie längere Zeit krank wurde, war ich für die Küche verantwortlich. Da wir nur ein begrenztes Budget hatten, stand ich frühmorgens auf, um selbst Brot und Brötchen zu backen. So sparte ich Geld und konnte Lebensmittel einkaufen, die wir uns ansonsten nicht hätten leisten können. In der Vorweihnachtszeit bestellte ich Fressalien, die zu teuer waren. Ich servierte jeden Tag ein Fleischgericht und zum

Nachtisch gab es immer Eis. Die Mitbewohner freuten sich tierisch, aber die Verwaltung war mit meinen Bestellungen nicht einverstanden und beendete meinen »Aufstieg zum Küchenchef«.

Meine Therapeutin warf mir vor, dass ich mich immer mehr verschließen würde. Sie stellte mich vor die Wahl: »Entweder du öffnest dich in der Gruppe oder du beendest die Therapie!« Ich entschied mich sehr schnell und ging nicht mehr zur Gruppentherapie. Das ging mir alles auf die Nerven. Einerseits wollte ich aufhören, andererseits hatte ich große Angst, den Schutzraum der Mühle zu verlassen. Die Therapeuten vermerkten darüber in ihrem Bericht:

> ... stattdessen begann er, seine Therapie auf organisatorische Belange, wie z. B. Organisierung einer Praktikantenstelle, zu verkürzen. Gleichzeitig war beobachtbar, dass ihn immer stärkere Rückzugstendenzen zunehmend in der Hausgruppe isolierten. In der Arbeitstherapie machte Herr N. erstaunlich gute Fortschritte. Er hat viel Geschick im Umgang mit Holzverarbeitung und bewies viel Verantwortung als Küchenchef. Dennoch waren auch diese Bereiche ein Teil seiner Rückzugsbemühungen.

Schließlich erreichte ich die dritte Stufe. Das ist die Phase, in der man alleine das Haus verlassen darf. Ich hatte davor sehr viel Angst, weil ich ja die letzten Monate ohne jegliche Außenorientierung wie unter einer Glaskuppel gelebt hatte. Ich fuhr dennoch zwei- oder dreimal alleine nach Hause.

An einem der Wochenenden besuchte ich mit Sabine und Jana das Freibad in Herten. Es versprach ein schöner Badetag werden, die Sonne strahlte von einem wolkenlos blauen Himmel. Für »normale« junge Familien war dies selbstverständlich; für uns war dieser Tag jedoch etwas ganz Besonderes. Vielleicht erlebten wir drei diesen Tag auch wesentlich intensiver als die anderen Eltern und deren Kinder. Ich war nur noch der glückliche Vater und verdrängte, dass ich zwei Tage später wieder in die Holthauser Mühle zurückmusste.

Als Sabine mit Jana die Toilette aufsuchte, wartete ich am Beckenrand und sah gedankenverloren den vielen Kindern zu, die begeistert im Wasser tobten. Ich träumte vor mich hin und war glücklich und zufrieden. Das Leben kann auch schön sein.

Ich beobachtete ein Kind, das auf dem Boden des Schwimmbeckens tauchte. Plötzlich flüsterte mir eine innere Stimme zu: »So lange kann ein Kind doch nicht tauchen.« Ich zögerte keine Sekunde, sprang in das Becken und tauchte auf den Boden. Mein Gefühl hatte mich nicht getäuscht. Das Mädchen lag reglos auf dem Beckengrund. Sofort zog ich das Kind aus dem Wasser und rief Sabine zu, dass sie nicht zu mir kommen solle. Dann presste ich dem Mädchen das Wasser aus dem Körper und rief verzweifelt um Hilfe. Die Mutter weinte fürchterlich und wollte mir ihr Kind aus den Armen reißen. Es war eine schreckliche Situation. Das Mädchen war ganz blass und bereits blau angelaufen. Schaum trat ihm aus Mund und Nase und es regte sich nicht. Ich hielt einen leblosen Körper in meinen Händen. Da ich jedoch bei der Bundeswehr ein Training zur Bergung von Verletzten absolviert hatte, hatte ich die nötige Gelassenheit, meine Wiederbelebungsversuche fortzuführen. Schließlich kam der Bademeister mit einem Beatmungsgerät und kurze Zeit später wurde das Mädchen mit einem Rettungswagen abtransportiert.

Wir gingen schockiert nach Hause. Sabine rief im Krankenhaus an und erkundigte sich nach dem Zustand des Mädchens. Zunächst wurde uns die Auskunft verweigert, aber als Sabine erzählte, dass ich das Mädchen gerettet hatte, erklärte man uns, dass die Wiederbelebungsversuche erfolgreich waren. Momentan könne man jedoch noch nicht sagen, ob das Kind bleibende Schäden davontragen werde.

Wir wollten dem Mädchen eine Karte mit dem Foto ihres Retters und einen Teddy bringen. Nachdem wir die Adresse erfahren hatten, legten wir die Sachen – ohne zu klingeln – vor die Eingangstür. Eine chinesische Weisheit sagt: Wenn man einem Menschen das Leben rettet, ist man für diesen Menschen immer verantwortlich.

Die Eltern bedankten sich in einem Brief. Das Mädchen hatte den Badeunfall ohne bleibende gesundheitliche Schäden überstanden. In der letzten Phase meiner Therapie verstärkte sich bei mir das Gefühl, dass dieses Erlebnis ein Wink vom Himmel war. Ich glaube nicht an Zufälle. Dieses Ereignis sollte mir bewusst machen, dass ich auf dieser Erde noch gebraucht werde. Der Tag, an dem ich diesem Kind das Leben rettete, gab mir zusätzliche Hoffnung und Mut für mein weiteres Leben.

Als ich wieder in das richtige Leben entlassen werden sollte, fühlte ich mich ziemlich unsicher. Dieses Unsicherheit begleitete mich noch sehr lange.

In der Stufe III geht es darum, die Persönlichkeit des Bewohners zu festigen. Das Gelernte soll integriert werden. Der Bewohner der Mühle soll lernen, mit sich und seiner Umwelt angemessen umzugehen. Die Hilfsstrukturen der therapeutischen Gemeinschaft, sprich der Mühle, werden langsam abgelöst durch ein individuelles Wertesystem, das eigenverantwortliches Handeln ermöglichen soll.

Dreizehn harte Monate Therapie lagen nun hinter mir und ich spürte immer seltener meine Angst vor dem Alltag im richtigen Leben. Aber ich hatte auch die Gewissheit, dass ich wieder in die Klinik zurückkehren konnte, wenn ich in der freien Wildbahn nicht klarkommen würde.

Die Entlassung in die Freiheit

Da ich trotz wiederholter Aufforderung nicht mehr zur Gruppentherapie erschienen war und keinen Sinn mehr in deren Fortführung sah, wurde ich am 17. Januar 1992 – für mich völlig überraschend – entlassen. Im Abschlussbericht stand:

> Im Rahmen seiner in der dritten Phase der Therapie vorgesehenen Außenorientierung verweigerte er schließlich jedes weitere therapeutische Interesse und brach schließlich jeden Kontakt zu seinen Mitbewohnern ab. Trotz immer wieder gegebener Beziehungsangebote der Therapeuten und Bewohner war keine Verhaltensänderung und kein Entgegenkommen zu bemerken. Letztlich war die Entlassung mangels Therapiemotivation unsere letzte therapeutische Möglichkeit.

Nach meiner vorzeitigen Entlassung befürchtete ich, man würde mich in den Knast stecken. Die Staatsanwaltschaft kann bei dem Abbruch einer Therapie anordnen, dass die restliche Haft verbüßt werden muss. Ich hatte glücklicherweise eine verständnisvolle Staatsanwältin. Sie glaubte an mich. Es ist sehr wichtig, dass Menschen an einen glauben. Egal in welcher Lebenssituation.

So stand ich plötzlich von einem Tag auf den anderen auf der Straße. Ich setze mich in den Zug und fuhr nach Hause. Umsteigestation Dortmund. Alte Erinnerungen wurden wach. Ich musste ziemlich lange auf den Anschlusszug warten. Mir war langweilig und da überfiel mich eine irrsinnige Idee. Unsichtbare Mächte lenkten meine Schritte zur Dortmunder Drogenszene. Aber es machte mir nichts mehr aus. Ich erinnerte mich zwar an die schlimmen Zeiten, verspürte aber nicht den Suchtdruck, der nach der Therapie angeblich unvermeidlich ist. Ich war eher süchtig nach Sabine und Jana und freute mich auf das Wiedersehen unter »normalen« Bedingungen. Meine Sehnsucht nach den beiden hatte im Kampf gegen die Drogen gesiegt. Und ich wünschte mir nichts inniger, als dass die Prognose der Therapeuten zutreffen würde:

Herr N. ist zurück zu seiner Ehefrau und seinem Kind nach Oer-Erkenschwick gegangen. Prognostisch ist es durchaus denkbar, dass der Patient etwa mittelfristig clean bleiben kann. Die psychosozialen Aspekte lassen sich wie folgt zusammenfassen:

Krankheitseinsicht: vorhanden
Abstinenzmotivation: gewillt, clean zu leben
Nachbetreuung: keine konkrete Planung erfolgt
Wohnsituation: eigene Wohnung
Arbeitsplatz: nicht vorhanden
Schulden: keine
Gerichtsverfahren: keine offenen Haftstrafen

… III

Und das Leben kehrt tatsächlich zurück

Ausdauer zahlt sich aus

> »Eine Woge des Glücks durchströmte
> meinen Körper und ich freute mich
> auf die Heimreise!«

Im Zug von Dortmund nach Oer-Erkenschwick liefen mir Freudentränen übers Gesicht. Drogenfrei kehrte der verlorene Sohn, Mann und Vater nach Hause zurück. Ich war glücklich. Noch hatte ich keine Vorstellung, wie ich meine Zukunft gestalten würde. Ich hatte keinen vernünftigen Schulabschluss und keine abgeschlossene Ausbildung, hoffte aber, dass die Therapie mir das nötige Rüstzeug für ein suchtfreies Leben auf den Weg gegeben hatte. Und das Wichtigste: Ich glaubte wieder an mich und meine Stärken.

Während der Bahnfahrt rauschten die vergangenen 13 Monate in der Holthauser Mühle noch einmal an mir vorbei. Mein größtes Problem, mit mir selbst klarzukommen, meine schwierige Persönlichkeit zu ertragen, schien gelöst. Meine Psychotherapeutin hatte zu diesem Erfolg wesentlich beigetragen, und in der Arbeitstherapie hatte ich gelernt, dass ich Sachen schaffen kann, die ich nie für möglich gehalten hätte.

Die Gespräche mit meiner Therapeutin waren dennoch sehr belastend gewesen und deshalb hatte ich mich in der Arbeit bei meinen Holzwürmern und der Hauswirtschafterin Marianne am wohlsten gefühlt. Diese Nichtstudierten standen irgendwie mitten im Leben, vermittelten mir mehr praktische Erfahrungen als die Studierten. Die Akademiker hatte ich etwas abgehoben und mehr oder weniger losgelöst von der Erde erlebt. Mit dieser Bewertung möchte ich den Erfolg der Psychotherapeuten allerdings nicht schmälern. Der Kontakt zu allen Bezugspersonen in der Fachklinik war sicherlich wichtig für meine Genesung und für den Langzeiterfolg meiner Therapie.

Es war unbeschreiblich, als Sabine mit Jana auf dem Arm die Tür öffnete. Ich erinnere mich noch genau, wie fremd ich mich in diesem Moment fühlte. Ich ging zurück in eine Welt, aus der ich mich einmal selbst herauskatapultiert hatte. Eine Welt, in der meine Frau und mein Kind die letzten Monate ohne mich hatten auskommen müssen. Und nun trat ich über die Schwelle in ein besseres Leben – wie ein Spätheimkehrer nach dem Krieg. Ich spürte, dass Sabine und Jana sich freuen, aber ich spürte auch ihre Angst, ich könnte sie erneut enttäuschen.

Ich vermied es anfangs, in die Stadt zu gehen, in der alles begonnen hatte. Die guten Ratschläge dröhnten in meinem Kopf: »Du wirst wieder rückfällig, wenn du in die alte Umgebung zurückkehrst!« Die Rückfallquote soll bei fast neunzig Prozent liegen, und ich hatte Angst, rückfällig zu werden. Ich wollte auch gar nicht mehr an meine Vergangenheit erinnert werden, also suchten wir eine Wohnung im Sauerland. Aber die Suche gestaltete sich schwierig und so mussten wir in unseren alten vier Wänden bleiben. Ich sagte mir: »Du hast dich entschlossen, drogenfrei zu leben. Dann ist es egal, wo du wohnst. Drogenabhängige gibt es überall, auch im kleinsten Dorf im Sauerland.«

In meiner alten – und irgendwie auch neuen – Umgebung lauerten überall die dunklen Schatten meiner Vergangenheit. Obwohl ich sie verdrängen wollte, suchte ich, wie von einer inneren Macht getrieben, an manchen Tagen sogar die Orte auf, wo ich wie die Berber draußen übernachtet hatte. Viele Leute liefen mir über den Weg, Drogenabhängige, die ich von früher kannte und die immer noch drauf waren. Aber irgendwie war es mir egal. Ich wollte es einfach schaffen, wusste aber nicht, wie es weitergehen sollte.

Da ich nie richtig gearbeitet hatte, konnte ich auch keinen Antrag auf Arbeitslosengeld stellen. Aber ich hatte Anspruch auf Sozialhilfe und machte mich auf Jobsuche. Das war mit meinem Background natürlich unwahrscheinlich schwer.

Nach zwei Wochen forderte mich das Sozialamt per Brief auf, einen sozialen Dienst zu leisten. Das hieß im Klartext, mit dem Piker auf der Straße herumzulaufen und den Müll aufzusammeln. Eine wahnsinnige Panik überfiel mich, denn auf der Straße würde ich tagtäglich Leute treffen, die mich kannten. Und dieser Job schien mir weniger wert zu sein als die unterste Stufe in der Therapie. Schämte ich mich mehr wegen der Art der Tätigkeit oder war es die Angst vor einem Rückfall?

Ich wollte auf keinen Fall wieder in meinen ehemaligen Dunstkreis geraten und hätte gern jede andere Arbeit angenommen. In unserer Umgebung klapperte ich alle Firmen ab, um einen anderen Job zu finden. Ich versetzte mich in die Rolle der Chefs und überlegte, welchen Job ich einem wie mir anbieten würde. Aber mir fiel nichts ein. Ich hatte zwar handwerkliche Fähigkeiten, konnte aber keine Ausbildung und erst recht keinen Gesellenbrief vorweisen. Obwohl ich von allen Firmen abgelehnt wurde, entdeckte ich etwas Wesentliches, was wohl schon immer in mir geschlummert hatte: die Ausdauer, niemals aufzugeben. Trotz aller Enttäuschungen hielt ich es aus, immer wieder abgelehnt zu werden.

Als ich nicht mehr wusste, wie es weitergehen sollte, bewarb Ich mich erneut bei denselben Firmen. Und endlich erhielt ich von einer Stein-Recycling-Firma einen Job angeboten. Der Chef sagte sich wohl: »Wenn der Junge sich Tag für Tag für so einen Scheißjob bewirbt, kriegt er eine Chance.«

Vielleicht tat ich ihm auch nur leid und er wollte mich nicht wieder abwimmeln. Im Endeffekt war mir sein Beweggrund aber egal, denn das Ergebnis zählte. Ich hatte einen Job und damit bewiesen, wie ernsthaft ich mich um Arbeit bemüht hatte.

Allerdings war dieser Job körperlich viel anstrengender, als mit einem Piker über die Straße zu laufen. Ich musste Steine aussortieren und nach einem bestimmten System von einer Box in eine andere werfen. Bei meiner neuen Beschäftigung lernte ich viele Kollegen kennen, jeden Morgen ein anderes Gesicht vor dem Container. Alle hatten nach einem Tag die Arbeit hingeschmissen. Ich erinnerte mich an meine Therapie und den ständigen Wechsel in der Gruppe. Aber ich hielt mal wieder durch. Zwar werde ich nie meine blutigen Hände vergessen, aber ich wollte unbedingt etwas arbeiten, um meine Familie zu versorgen.

Als die Sortierarbeiten beendet waren, befürchtete ich, wieder entlassen zu werden. Aber meine Ausdauer und mein Einsatz hatten sich gelohnt. Ich durfte leichtere Arbeiten verrichten und sogar mit dem Gabelstapler fahren. Das war für mich damals ein wirklicher Aufstieg. Wie bescheiden man mit der Zeit doch wird!

Ich bewarb mich weiterhin bei anderen Firmen. Nach zwei Monaten Knochenarbeit fand ich einen neuen Job als Fahrer in einer Fleischwarenfirma. Zwölf bis dreizehn Stunden am Tag kutschierte ich durch die Gegend. Auch an Samstagen. Und verdiente achtzehnhundert Mark im Monat. Das war gutes Geld. Der Job war zwar hart, aber ich wollte nie mehr auf die Straße zurück, weder als Arbeitsloser noch als Junkie.

Es würde sehr schwer sein, wieder etwas anderes zu finden. Wenn dich ein Arbeitgeber fragt, was du in den letzten Jahren gemacht hast, und du musst die Katze aus dem Sack lassen, hast du als Junkie keine Chance. Immer wenn ich mich offenbarte, erhielt ich ohne nähere Begründung als Antwort: »Ist nichts für dich!«

Meinen Kühlwagen musste ich bei einem Großhändler in der Nachbarstadt beladen. Da sich in der Nähe dieser Fleischwarenhandlung das Arbeitsamt befand, suchte ich dort Tag für Tag im Computer nach einem neuen Job. Und entdeckte die Stellenausschreibung eines Möbelhauses: Auslieferungsfahrer, Führerschein Klasse 2 mit Erfahrung in der Holzverarbeitung. Beim Vorstellungsgespräch berichtete ich Herrn Gartmann nicht nur von meiner Vergangenheit, sondern erzählte auch von meinen Anstrengungen, nach der Therapie einen Job zu finden. Dies hat ihn wohl überzeugt und so erhielt ich die Stelle.

Das war ein weiteres wichtiges Sprungbrett in mein neues Leben: ein guter Job und geregelte Arbeitszeit. Meine Aufgabe: hochwertige Möbel nicht nur auszuliefern, sondern vor Ort anzupassen. Die Arbeit gefiel mir gut. Ich arbeitete im Team mit zwei Arbeitskollegen. Der Jüngere: ein gelernter Tischler, der sein Ingenieurstudium abgebrochen hatte und mit sich und seiner Lebenssituation sehr unzufrieden war. Der Ältere: ein Meister aus Polen, der keine schweren Möbel mehr tragen konnte. Das bedeutete, dass ich als Jüngster mehr schleppen musste. Beide schienen nur darauf zu warten, dass ich einen Fehler machte. Aber das war mir egal, denn ich hatte ein geregeltes Einkommen.

Das Sozialamt zahlte Wohngeld und wir kamen finanziell gut über die Runden. Die Mitarbeiter der Stadtverwaltung halfen uns unbürokratisch. Sie kannten meine Probleme und zeigten mir weitere Möglichkeiten der finanziellen Unterstützung auf. In dieser Aufbauphase haben uns viele Menschen geholfen, insbesondere meine Eltern. Mein Vater bezahlte meine Schulden, für die er zum Teil auch gebürgt hatte. Zu Hause lief es immer besser, aber manchmal meldete sich mein schlechtes Gewissen zurück. Ich werde es vermutlich nicht mehr los, denn einiges kann ich bei Sabine und Jana nie wiedergutmachen. Aber ich habe nun einmal dieses Bedürfnis. Ich hatte Frau und Kind wertvolle Jahre gestohlen, wertvolle Jahre, ohne Vater, ohne Mann und ohne jede Unterstützung. Aber wir wollten jetzt gemeinsam in die Zukunft blicken und verbrachten eine schöne Zeit. Alles lief immer besser, schlimmer konnte es ja auch nicht mehr werden.

Das glaubte ich zumindest. Aber nach einer langen glücklichen Zeit sollte es noch schlimmer kommen.

Der Lauf meines Lebens

Der Startschuss in meine Triathletenkarriere war der Waldlauf mit meinem Vater, einem sehr guten Marathonläufer. Vom ersten Tag nach der Therapie an wollte er mich davon überzeugen, dass ich eigentlich ein Sportler sei und mit ihm gemeinsam laufen sollte. Aber warum soll ein Ex-Junkie und starker Raucher mit neunzig Kilo Lebendgewicht sich abqualen? Ich konnte nicht einmal eine Kiste Sprudel in den dritten Stock unserer Wohnung tragen! Sofort blieb mir die Luft weg. So hielt ich mir die ständigen Aufforderungen meines Vaters mit tausend Ausreden vom Leib.

Bis zu diesem Tag, an dem er sich angeblich verlaufen hatte. Verlaufen? Er wollte mir meine Grenzen aufzeigen und das hat er geschafft. Damals war ich stinksauer auf ihn, aber heute bin ich ihm mehr als dankbar. Denn er hat in mir den Ehrgeiz geweckt, neue Ziele in Angriff zu nehmen. Und ich wollte, dass mir nie mehr jemand Grenzen aufzeigt.

Ich kaufte Fachzeitschriften, lieh mir Bücher aus und wollte rauskriegen, wie man das Laufen richtig trainiert. Heute weiß ich: Ich hatte Glück, es unbeschadet überstanden zu haben, und möchte niemanden raten, so extrem damit anzufangen. Aber ich startete durch und rannte im wahrsten Sinne des Wortes meinem verlorenen Leben hinterher. Ich rauchte zwar noch ab und zu, aber mit jedem Lauf spürte ich, wie das Training nicht nur meine körperliche Konstitution verbesserte, sondern auch meine seelische Verfassung positiv beeinflusste. Ich dachte damals nicht im Traum daran, jemals an einem Wettkampf teilzunehmen. Mein Ziel war es nicht, auf einem Siegertreppchen zu stehen. Ich wollte meinem vergeudeten Lebensabschnitt hinterherrennen und auf der Überholspur das Leben in der Abhängigkeit hinter mir lassen.

Nach drei Monaten Training nahm ich am Erkenschwicker Citylauf teil. Die zehn Kilometer waren die absolute Qual, aber mein vom Gift ausgemergelter Körper gewöhnte sich überraschend schnell an die Strapazen – fast so schnell, wie er sich seinerzeit an die Drogen gewöhnt hatte. Und immer wieder entdeckte ich den kleinen Andreas in mir, den die Begeisterung über den Sport über die frustrierende Schulzeit hinweggetröstet hatte.

Danach meldete ich mich für den Marathonlauf »Rund um den Baldeneysee« in Essen an. In meiner Altersklasse erreichte ich auf Anhieb den 6. Platz in der stolzen Zeit von 2:43:33 Stunden. Mit dem Team vom Sportverein TuS Sythen belegte ich in der Mannschaftswertung den 3. Platz.

Bald träumte ich zum ersten Mal davon, ein richtig guter Läufer zu werden. In den Jahren meiner Sucht war ich ein in Watte gehüllter Traumtänzer gewesen. Jetzt trainierte ich das Überleben auf dem grauen Asphalt des Alltags ohne die behütenden Hände der Therapeuten. Ich wollte mein Ding durchziehen und Gott und der Welt zeigen, was ich kann, endlich beweisen, was in mir steckt. Und auch heute noch will ich das, was ich mache, extrem gut machen. Ich hasse Mittelmäßigkeit. Aber damals war es für mich unvorstellbar, einmal an die Weltspitze aufzusteigen. Wichtig war: Ich hatte das Licht dieser Welt zum zweiten Mal erblickt und fühlte mich wie neugeboren. Was noch konnte ich vom Leben ohne Drogen erwarten?

Ich riss im Möbelhaus viele Überstunden runter und trainierte zweimal am Tag, 140 bis 160 Laufkilometer in der Woche. Aber das Zigarettenrauchen hatte ich mir immer noch nicht abgewöhnt und qualmte nach dem Laufen oft heimlich hinter einem Baum. Es war eine schöne Zeit, denn ich verschwendete meine Gedanken weder an die Zukunft noch an die Vergangenheit und lebte im Hier und Jetzt. Ich genoss jeden Tag meines neuen Lebens und war dankbar für jede Stunde ohne Drogen. Durch mein geregeltes Einkommen war ich nicht mehr von der Sozialhilfe abhängig. Ich wollte von nichts und niemandem mehr abhängig sein. Mein Potenzial hatte ich zwar spät entdeckt, aber nicht zu spät. Vielleicht hätte ich die geballte Ladung Energie in mir ohne meine Fixerlaufbahn nie oder zumindest nicht so intensiv erlebt. Ich weiß es nicht. Aber ich spürte jeden Tag, Schritt für Schritt meine persönliche Veränderung, die auch meiner Seele wieder Luft zum Atmen ließ. Sabine und Jana waren immer die Quelle meiner Kraft. Nutze den Tag! Nutze jede Stunde! Jedes weitere Jahr meines neuen Lebens würde ich ohne Drogen genießen!

1993: Erster Triathlon

Beim Lauftraining traf ich zufällig einen alten Freund. Er berichtete mir voller Begeisterung von seiner neuen Leidenschaft Triathlon und bot mir an, mit ihm zu trainieren. Das erschien mir völlig abwegig: Laufen, Schwimmen und Radfahren und dazu die tägliche Möbelschlepperei! Das war zu viel. Ich fühlte mich zwar körperlich sehr stark, aber diese Disziplin war einfach zu hart für mich.

Als mein Freund im September aus gesundheitlichen Gründen den Selmer Triathlon in der Kurzdistanz absagen musste, überredete er mich, für ihn an den Start zu gehen. Die Startkosten waren nicht zu hoch, und so beschloss ich, es einfach mal zu probieren. Vielleicht wollte ich mich bewusst an meine körperlichen Grenzen herantasten.

Ich kaufte mir ein Fahrrad und lieh mir einen Neoprenanzug. Das erste Mal seit zwölf Jahren stieg ich wieder für einen Wettkampf ins Wasser. Es war ein komisches Gefühl, denn ich hatte keine Vorstellung, was Triathlon überhaupt ist. Ich hatte auch keine Ahnung, dass alle mit Rang und Namen der westdeutschen Spitze bei diesem Wettkampf antraten. Sonst hätte ich mir meine Teilnahme sicherlich noch mal überlegt. Aber es war gut, dass ich vollkommen unbedarft startete.

Ich stieg mit der Spitzengruppe aus dem Wasser und im Radfahren erzielte ich auch eine respektable Zeit. Beim Strampeln freute ich mich schon aufs Laufen, denn ich hatte viel dafür trainiert, und ich glaubte noch fest daran, dass ich das Rennen locker beenden würde. Aber beim Laufen war ich schlecht, obwohl dies eigentlich meine stärkste Disziplin war. Der liebe Gott zeigte mir erneut meine Grenzen auf. Mir wurden buchstäblich die Beine unterm Körper weggezogen. Zuerst wurde mein Körpergewicht vom Rad getragen und plötzlich musste ich laufen und es selbst bewegen. Ich fühlte mich wie auf Eiern und hatte kein Gefühl mehr in den Beinen. So quälte ich mich ins Ziel und wurde für meine überhebliche Einstellung beim Radfahren abgestraft.

In einem sehr starken Teilnehmerfeld erreichte ich als Neunter das Ziel und somit ein gutes Ergebnis über die olympische Distanz. Von diesem Zeitpunkt an wusste ich, dass dies meine Sportart ist und ich mich nicht noch einmal so vorführen lassen wollte. Nach dem Wettkampf fragte mich Gerhardt Kaitmann, der Vereinspräsident des renommierten Dortmunder Triathlon-Vereins, ob ich für die »Rückenwind-Geckos« starten möchte. Ich war unsicher, ob ich die in mich gesetzten Erwartungen erfüllen könnte, aber schließlich willigte ich ein.

Als Ausgleich zum Training restaurierte ich alte Möbel und suchte auf dem Sperrmüll nach geeigneten Stücken. Dann das Erfolgserlebnis: Ich verkaufte meinen ersten Schrank für zweitausend Mark! Von diesem Geld leistete ich mir ein gutes Fahrrad. Ich trainierte immer intensiver – bis das Tretlager seinen Geist aufgab. Gerhardt Kaitmann und seine Schwester Rita kontaktierten als Inhaber eines Fahrradgeschäfts andere Sportfirmen, die mich dann auch unterstützten und mir ein neues Rad zur Verfügung stellten.

Beim Radtraining tastete ich mich immer weiter an meine körperliche Leistungsfähigkeit heran, genoss diese Glücksgefühle ohne Drogen, aber meine Gedanken wanderten in solchen Situationen auch zurück. Das berauschende Gefühl verlor seine unbändige Kraft, sobald die Schatten der Vergangenheit auftauchten und mich in den Strudel der verdrängten Tage zurückreißen wollten. Warum tauchten meine Erinnerungen jetzt wieder auf? Ich dachte dann immer an Sabine und Jana, die eine schwierige Zeit durchgehalten und mir die Kraft zur Wiedergeburt geschenkt hatten. An ihre Liebe, die mich jeden Tag durch die guten und schlechten Phasen meiner zwei Leben begleitet hatte und denen ich es zu verdanken habe, dass ich wieder leben und lieben kann.

1994: Begegnung mit einem Förderer

Im Winter wurde ich nach einem Leistenbruch relativ lange krankgeschrieben. Da ich nichts Schweres mehr heben durfte, musste ich meine Arbeit in der Möbelfirma aufgeben. Ich bemühte mich um eine Umschulung, aber erst nach der Operation und einem psychologischen Test bekam ich die Zusage vom Arbeitsamt. Das war gar nicht so einfach, wie ich es mir vorgestellt hatte. Auch hier musste ich kämpfen, bis meine Umschulung bewilligt wurde.

Ich konnte mich aber nicht entscheiden, welches Angebot ich annehmen sollte. Mein Traum war eine Ausbildung zum Krankengymnasten. Aber dazu fehlten mir die schulischen Voraussetzungen. Jetzt rächte sich meine Faulheit in der Schule.

Durch Zufall wurde ich dann auf den Beruf des Orthopädiemechanikers aufmerksam. Die Berufsbeschreibung weckte mein Interesse. Man muss für das Anfertigen von Prothesen, Anpassen von Bandagen, das Herstellen von Einlagen und Brustprothesen und viele andere Tätigkeiten handwerklich geschickt sein, und das bin ich ja. Ich informierte mich in vielen Geschäften, unter anderem auch im Sanitätshaus Lückenotto.

Die erste Begegnung mit dem Chef Thomas Lückenotto war nicht Erfolg versprechend, denn er konnte niemanden einstellen. Ich hatte den Laden schon verlassen, als er mir auf die Straße nachlief. Hatte er meine Enttäuschung gespürt und es sich anders überlegt? Leider nein. Aber er machte mir ein Angebot: »Ich möchte mir trotzdem Ihre Adresse notieren. Und wenn Sie Fragen haben, können Sie mich jederzeit anrufen!«

Er spürte wohl mein ernsthaftes Interesse, diesen Beruf ergreifen zu wollen. Ich bemühte mich weiterhin um einen Ausbildungsplatz, und als ich zwei Angebote erhielt, bat ich Herrn Lückenotto um Rat. Er riet mir von beiden ab und bot mir zu meiner Überraschung doch eine Lehrstelle in seiner eigenen Firma an. Ich war vollkommen verblüfft. Da der Chef mir von Anfang an sehr sympathisch war, freute ich mich noch mehr. Zwei Wochen später begann ich mit der Umschulung. Mein neuer Arbeitgeber zeigte viel Verständnis für meine sportliche Leidenschaft – und das war meine große Chance weiterzutrainieren.

1995: Die Rückenwind-Geckos

In diesem Jahr startete ich in der »Kronenliga« – die zu diesem Zeitpunkt höchste Liga im Triathlonbereich – und qualifizierte mich für die neu gegründete Bundesliga. Achtzehn Vereine ermittelten auf Bundesliga-Ebene an drei Veranstaltungstagen ihren Meister. Ich ging für die »Rückenwind-Geckos« ins Rennen. Gerhardt und Rita Kaitmann sorgten dafür, dass meine Ausrüstung im Wert von etwa achttausend Mark bezahlt wurde. Beim Qualifikationswettkampf im Siegerland wurde ich bester »Rückenwindler« und erreichte den 3. Platz in der »Kronenliga«. Bei Bundesliga-Wettkämpfen erreichte ich Plätze zwischen 7 und 10. Diese guten Platzierungen stärkten mein Selbstwertgefühl. Alle Wettkämpfe waren Kurzdistanzen (das heißt: 1,5 km Schwimmen, 40 km Radfahren, 10 km Laufen). Mit Erstaunen registrierte die Fachpresse meine Leistungen, und viele Journalisten fragten sich, wie es einem Newcomer gelingen konnte, seine sportliche Leistung in so kurzer Zeit von null auf hundert zu steigern. Keiner ahnte etwas von meiner Suchterkrankung. Ich selbst dachte nicht groß darüber nach, freute mich über die sportlichen Erfolge und verdrängte mein erstes Leben. Aber der Verdrängungsmechanismus funktionierte nicht immer.

Die sportlichen Erfolge treiben Andreas immer weiter nach vorne und immer seltener taucht die Vergangenheit vor seinem geistigen Auge auf. Manchmal kann er nicht begreifen, wie er den Weg zurück in dieses aktive Leben fand. Das Kräftereservoir eines Menschen mit einem Stückchen Hoffnung scheint unerschöpflich zu sein. In Zukunft will er wie ein Adler in die Höhe aufsteigen, will voller Energie und Tatendrang zurück ins Leben.

1996: Europameisterschaft und ein platter Reifen

Jana war inzwischen sieben Jahre alt, und ich freute mich über jeden Tag, den ich mit meiner Tochter verbringen konnte. Ich wollte ihr die verlorene Zeit, in der sie ihren Vater entbehren musste, ersetzen. Nun konnte ich für sie da sein und sie auf ihrem weiteren Lebensweg begleiten. Und ich hoffte jeden Tag, dass mein zweites Leben auch für Jana nicht zu spät begonnen hätte. Meine ganze Liebe gehörte meiner Familie – und meine zweite Leidenschaft war der Triathlon.

Ich trainierte sehr hart. Wenn andere noch in den Federn lagen, war ich schon im Wald unterwegs. Die Mittagspause nutzte ich zum Schwimmtraining mit meinem Trainer Reinhard Nowak vom Schwimmverein Neptun. Beim Lauftraining betreute mich Thomas Czarnetzki von der Leichtathletikabteilung des TuS Sythen. Diesen beiden Trainern verdanke ich einen großen Teil meiner Erfolge. Obwohl ich erst zwei Jahre diese Sportart betrieb, erreichte ich trotz internationaler Konkurrenz den 9. Platz bei den German-Open in Hannover und wurde fünftbester deutscher Teilnehmer.

Das war auch schon der bisher größte Erfolg meiner noch jungen Sportlerkarriere.

Da sich die ersten sechs Athleten für die Europameisterschaften in Ungarn qualifizierten, ging mein Traum in Erfüllung: Ich wurde Mitglied in der deutschen Nationalmannschaft. Bundestrainer Steffen Große nominierte mich für die Europameisterschaften im Kurztriathlon in Ungarn.

Die Redakteure der einschlägigen Fachzeitschriften staunten weiterhin über meine extremen Leistungen. Sie wussten, dass ich in den letzten zwölf Jahren keinen Sport getrieben, sondern meine Lungen mit Nikotin voll gepumpt hatte. Wenn die damals schon von meiner Heroinsucht Wind gekommen hätten, was für Schlagzeilen wären dann erst über »eine schier unglaubliche Karriere« geschrieben worden?

Bei der Europameisterschaft rechnete ich mir aufgrund meiner Trainingsergebnisse eine gute Chance auf einen Sieg aus. Ich trainierte fünf bis acht Stunden täglich. Diesen Zeitaufwand konnte ich mir nur leisten, weil Thomas Lückenotto mich durch eine großzügige Einteilung meiner Arbeitszeit unterstützte. Ich versuchte meinen Beruf und den intensiven Trainingsaufwand mit meinem Familienleben in Einklang zu bringen. In der Sommersaison war das nicht immer einfach, aber Sabine und Jana begleiteten mich häufig zu Wettkämpfen.

Obwohl ich beim Europa-Cup am 7.7.1996 im ungarischen Szombathely als einer der Schnellsten die Schwimmdisziplin beendete, erreichte ich nicht das Ziel. Ein Plattfuß am Rad zwang mich zur Aufgabe. Damit war die Saison gelaufen.

In der Kronenliga hatte ich mich zwischenzeitlich auf die ersten Plätze vorgearbeitet und nahm zum ersten Mal an einem Trainingslager teil. Nach dem Europa-Cup in Ungarn fuhr ich mit dem Nationalkader in ein Höhentrainingslager nach St. Moritz.

Das Training in der Nationalmannschaft war trotz meiner guten körperlichen Konstitution sehr anstrengend. Die Jungs machten mich völlig platt. Aber das Training rückte meine Abhängigkeit in weite Ferne, denn an meine Suchterkrankung dachte ich in dieser Zeit überhaupt nicht mehr.

Ich war zwar immer noch in der Umschulung, aber eigentlich drehten sich meine ganzen Gedanken um den Sport. Meine Lehrer zeigten sehr viel Verständnis für meine sportliche Karriere und stimmten meine Trainingszeiten großzügig mit dem Stundenplan ab. Für das Trainingslager hatte mich die Schule sogar beurlaubt.

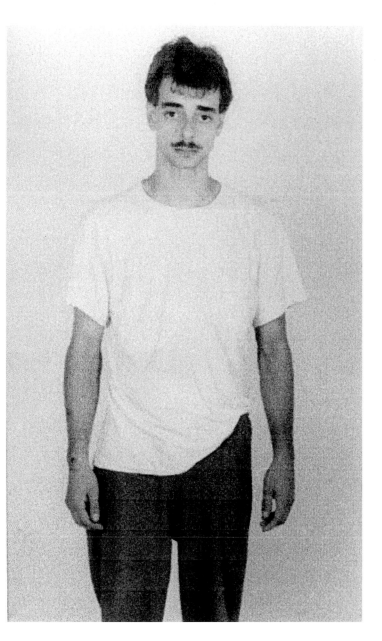

1991, ganz unten

1997, nach dem Sieg beim Selmer Triathlon

Im Juli 2006 beim Quelle Challenge Roth

1998 beim Buschhüttener Triathlon

2006 beim Inferno Triathlon in der Schweiz

2001 beim Ironman auf Hawaii: Mit dem 7. Platz erreichte ich die bisher beste Platzierung bei diesem Wettkampf.

Certificate of Excellence

Presented to

ANDREAS NIEDRIG

In recognition of
your completion of the

8 HOURS 53 MINUTES 00 SECONDS
OCTOBER 6, 2001

(oben): Die Urkunde für meinen 7. Platz auf Hawaii
(unten): Der damalige Bundeskanzler Gerhard Schröder übermittelte
mir seine Anerkennung und seine Glückwünsche.

BUNDESREPUBLIK DEUTSCHLAND
DER BUNDESKANZLER

Berlin, den 15. Oktober 2001

Herrn
Andreas Niedrig
Beethovenstraße 5

45739 Oer-Erkenschwick

Lieber Herr Niedrig,

haben Sie herzlichen Dank für das übersandte Buch. Darin beschreiben Sie Ihre wirklich ungewöhnliche und beeindruckende Lebensgeschichte. Eine Biografie, die Mut macht und Hoffnung geben kann. Und die auch zeigt, wie man selbst in schwersten Lebenslagen durch den Sport Halt, Lebensfreude und Zuversicht zurückgewinnen kann.

Nochmals meine besten Wünsche für Sie und weitere sportliche Erfolge.

Mit freundlichen Grüßen

TELEGRAMM Inland

Telegramm-Nr.: Y457381007002
10.07.01 17:15

HERR ANDREAS NIEDRIG
BEETHOVENSTR. 5
D - 45739 OER-ERKENSCHWICK

LIEBER ANDREAS NIEDRIG,

BEIM DIESJAEHRIGEN IRONMAN-TRIATHLON IN ROTH HABEN SIE EINEN HERVORRAGENDEN ZWEITEN PLATZ BELEGT.

ICH GRATULIERE IHNEN GANZ HERZLICH ZU IHREN LEISTUNGEN UND WUENSCHE IHNEN FUER DIE KOMMENDEN SPORTLICHEN AUFGABEN VIEL ERFOLG UND DAS NOTWENDIGE GLUECK.

MIT FREUNDLICHEN GRUESSEN

IHR

GERHARD SCHROEDER

BUNDESKANZLER

Mit meinem Sohn Lorenz im Juli 2006 beim Quelle Challenge Roth

2001 beim Ironman auf Hawaii

2006 beim Inferno Triathlon in der Schweiz

2001 auf Hawaii mit Marc, der auf der Straße lebte.
Aus dem Farn flocht er Hüte für die Touristen.

Mit meinem Freund und Sponsor Thomas Lechner 2006 in Roth

1997: Weltmeisterschaft in Nizza

Im Frühjahr flog ich ins Trainingslager nach Mallorca und konnte mich das erste Mal in warmen Gefilden auf einen Wettkampf vorbereiten. Hier lernte ich den Dänen Michael Krüger kennen. Diese Begegnung sollte meine sportliche Karriere stark beeinflussen. Michael ist heute Trainer der dänischen Nationalmannschaft und mit einer Freundin verheiratet. Er erkannte, dass ich besser für Langdistanzen geeignet war. Ohne Michael wäre ich vermutlich nie von Kurz- auf Langdistanzen gewechselt.

Also änderte ich meine Trainingseinheiten, denn ich wollte unbedingt bei den Weltmeisterschaften in Nizza starten. Ich konnte meine Leistung steigern und die Erfahrungen des vergangenen Jahres als Mitglied der Nationalmannschaft brachten mich im Training gut voran. Der Bundestrainer nominierte mich aufgrund meiner Ergebnisse für die Weltmeisterschaft in der Langdistanz, die in jenem Jahr in Nizza ausgerichtet wurde. Er meinte auch, dass mir die große Distanz besser liege. Mein intensives Training für die WM lief auf vollen Touren und das Jahr begann mit einem starken Saisonauftakt beim Siegerland-Cup. Bei dem WM-Test in Buschhütten konnte ich die teilweise hochkarätige Konkurrenz, unter anderem meinen alten Rivalen Alexej Priakin, auf die Plätze verweisen und lief mit einem Vorsprung von 2:40 Minuten durchs Ziel.

Auf die Weltmeisterschaft in Nizza am 13.5.1997 war ich gut vorbereitet. Es war total beeindruckend, an einem solchen Wettkampf teilzunehmen und mit fast 2000 Startern das erste Mal im Meer zu schwimmen. Ich erkämpfte den 7. Platz und war schnellster deutscher Teilnehmer. Mit der deutschen Mannschaft wurde ich Vizeweltmeister. Ich hatte das erste Mal eine Langstrecke erfolgreich hinter mich gebracht und war darauf sehr stolz. Mein Sieg als bester Deutscher stärkte mein Selbstbewusstsein enorm. Ich war so euphorisch, dass ich mich direkt nach Nizza für den Ironman in Roth anmeldete.

Die Welt blickt auf Roth

Der Triathlon in Roth ist neben dem Klassiker auf Hawaii der bedeutendste Wettkampf über die Ultra-Distanz. Der Veranstalter wollte mich allerdings nicht in der ersten Startgruppe aufnehmen. Auch mein 7. Platz bei der Weltmeisterschaft schien ihn nicht zu überzeugen. Aber es gab am Wettkampftag eine Sensation für die Journalisten und für mich persönlich eine Genugtuung. Ich stieg nach Luc van Lierde, dem amtierenden Weltmeister, als Zweiter mit der Spitzengruppe aus dem Wasser. Die Startnummer um die 1500 hatte die Reporter irritiert. Wie konnte ein Athlet mit dieser Nummer eine solche Leistung bringen, denn die letzten Nummern waren den schlechtesten Kämpfern vorbehalten! Dieser offensichtliche Widerspruch erregte natürlich Aufsehen. Da Luc van Lierde in der Wechselzone einen kleinen Fehler gemacht hatte, konnte ich sogar als Erster aufs Rad steigen und für einige Zeit das Feld anführen.

Die Atmosphäre bei den Wettkämpfen in Roth lässt sich kaum in Worte fassen. Am Solarer Berg standen Tausende von Menschen, feuerten jeden einzelnen Athleten an und schrien einen den Berg förmlich hinauf. Solche Bilder kannte ich bisher nur von den Fernsehübertragungen der Tour de France. Am Kalvarienberg war mir wegen der frenetischen Zurufe der Zuschauer fast entgangen, dass ich mich eine starke Steigung hinaufquälen musste.

Aber auch meinen ersten Eindruck von der »längsten Biermeile der Welt« werde ich nie vergessen. Dort saßen fettleibige Männer und übergewichtige Frauen beim Frühschoppen, von denen man niemals annehmen würde, dass sie sich für Triathlon begeistern. Heute weiß ich, wie ansteckend das Triathlonfieber ist. Fast jeder kennt einen der zahlreichen Athleten persönlich und bei den Veranstaltungen entstehen neue Freundschaften zwischen Zuschauern und Sportlern.

Der Wettkampf lief gut und ich erreichte einen sensationellen fünften Platz in einer Weltklassezeit von 08:06:59 Stunden. Ich lief hinter den bekannten Triathleten Hellriegel, Leder, van Lierde und Zäck ins Ziel. Mit dieser sportlichen Sensation gelang mir der internationale Durchbruch.

IV

Der Aufstieg in die Top Ten

Als Neuling beim Hawaii-Triathlon

> »Es ist keine Schande, gegen Jürgen Zäck zu verlieren, denn er ist einer der besten Triathleten der Welt!«

Mit dem Ergebnis von Roth zählte ich nun zu den zehn besten Triathleten der Welt, war aufgestiegen in die Top Ten und hatte die beste Ironman Zeit eines Neueinsteigers erzielt. Auf diese Weltbestzeit war ich sehr stolz und auch Bundestrainer Steffen Große registrierte meine Leistung mit Erstaunen und Begeisterung. So stark hatte er mich scheinbar doch nicht eingeschätzt.

Nach meinem Sensationserfolg in Roth konzentrierte sich das Interesse der Medien nun nicht mehr ausschließlich auf die bekanntesten deutschen Triathleten Jürgen Zäck, Thomas Hellriegel und Thomas Leder. Auch ich stand immer öfter im Mittelpunkt der Berichterstattungen. Ich war nicht nur stolz auf meine Leistung, sondern hatte auch das erste Mal ein Preisgeld erkämpft. Man kann als Triathlet keine Reichtümer ernten, denn im Endeffekt muss man mehr Geld reinstecken, als man rausholen kann. Und ich betrieb diesen Aufwand ja nicht, um reich zu werden, sondern um glücklich zu bleiben.

Obwohl meine Medienpräsenz stieg, fand sich kein Sponsor, der meinen hohen Trainingsaufwand entsprechend unterstützte. Den nächsten Wettkampf bestritt ich auf Mallorca. Beim Balearman setzte ich mich gegen internationale Konkurrenz und die nahezu komplett gestartete deutsche Nationalmannschaft durch und erkämpfte den 1. Platz mit einem Vorsprung von sensationellen zwei Minuten.

Dann überredeten mich Rita und Gerhardt Kaitmann, sowie Michael Krüger, auf Hawaii zu starten. Kailua-Kona war ein Traum. Obwohl ich mit dem absoluten Katastrophenwettkampf nicht klarkam, konnte ich mit dem 17. Platz mehr als zufrieden sein. Ich spürte, dass ich mein Leistungspotenzial noch nicht ausgeschöpft hatte, und wollte im nächsten Jahr wieder hier starten.

Michael Eder schrieb in der »Frankfurter Allgemeinen Zeitung« vom 17.10.1997:

... ein 27-Jähriger aus Erkenschwick, den derzeit noch niemand auf der Rechnung hat, könnte alle Prognosen über den Haufen werfen. Der Mann heißt Andreas Niedrig und seine Geschichte liest sich wie ein Triathlon-Märchen. Vor drei Jahren begann der gelernte Möbelschreiner mit dem Joggen und gab das Rauchen auf. Noch im selben Jahr bestritt er mit einem geliehenen 300-Mark-Rad seinen ersten Kurztriathlon. Die Premiere fiel so beeindruckend aus, dass der Trainer der Dortmunder Bundesligamannschaft ihn für sein Team engagierte. Zwei Jahre später wurde Niedrig für die Europameisterschaft nominiert. Und doch verlor die Kurzstrecke für den Späteinsteiger an Reiz. Die Grundschnelligkeit im Laufen reichte nicht, um auf der Sprintdistanz in der Spitze mithalten zu können. Also konzentrierte sich Niedrig auf die Langstrecke. Wieder mit kaum glaublichem Erfolg. Im ersten Versuch Anfang Juli in Roth wurde er in 8:06:59 Stunden auf Anhieb Fünfter. Trotz langer, harter Saison und anderer unvorhergesehener widriger Umstände erreichte Andreas in Hawaii den 17. Platz, die beste Platzierung für einen Neuling beim Hawaii-Triathlon.

Es war erst mein drittes Triathlon-Jahr und ich belegte bei den wichtigsten Wettkämpfen in Nizza, Roth und Hawaii in der Langdistanz Platzierungen im vordersten Bereich! Mit diesem Ergebnis etablierte ich mich endgültig in der Weltspitze und war in diesem elitären Kreis immer noch der einzige Nichtprofi. Ohne Sponsoren fehlte mir die erforderliche Trainings- und Wettkampferfahrung und damit auch die dringend notwendige Wettkampfhärte. Umso erstaunter registrierten die Fachjournalisten meine Leistungen.

Am 31.12.1997 kommentierte die »Marler Zeitung« das Ende der Saison mit der Überschrift: »Der Kraftakt des Jahres – Niedrig auf dem Weg zur absoluten Triathlon-Spitze«. Und weiter:

> Der Mann ist flink wie ein Wiesel, zäh wie Leder und ausdauernd wie ein Gepard auf Antilopenjagd. Dabei hatte Niedrig noch vor gut drei Jahren mit einer Droge namens Nikotin zu kämpfen.

Kaum einer ahnte etwas von meiner wahren Geschichte und nur wenige wussten von meinem Leben vor der Sportkarriere. Ich genoss das positive Echo in den Medien, bewegte mich im Rausch des Laufs und freute mich, dieses Hochgefühl auch ohne Heroin oder einen anderen Stoff erleben zu dürfen.

1998: Triathlon in Antwerpen

Am 5.2.1998 wurde Lorenz geboren. Ich war überglücklich und konnte die Geburt unseres zweiten Kindes unter anderen Bedingungen erleben als bei Jana. Jana? Mich quälten wieder die Erinnerungen und die Ungewissheit, was sie wirklich mitbekommen hat.

Am 10.5.1998 startete ich wieder in Buschhütten bei einem Triathlon über die olympische Distanz. Die Kurzdistanz ist olympisch, seit sie im Jahr 2000 erstmals als neue Wettkampfdisziplin bei der Olympiade in Sydney aufgenommen wurde. Die junge Sportart Triathlon kam also ziemlich spät zu olympischen Würden.

Ich erkämpfte mir den 1. Platz in Buschhütten und träumte von einer Teilnahme in Sydney. Es stärkte mein Selbstbewusstsein, dass ich einen Weltklassesportler wie Lothar Leder, der im letzten Jahr in Hawaii Dritter wurde, besiegen konnte. In Buschhütten geht es vor allem darum, dass die Athleten, wie bei allen Veranstaltungen zu Beginn eines Jahres, ihre in den Wintermonaten antrainierte Form unter Wettkampfbedingungen vorführen. Und das gelang mir auch mit diesem Sieg. Ich war sehr zuversichtlich und spürte wahnsinnige Power in mir.

Am 7.6.1998 lieferte ich mir beim Triathlon in Bonn mit Jürgen Zäck einen spannenden Wettkampf. Nach 3,8 km Schwimmen stieg ich als Erster aus den Fluten des schmutzigen Rheins, immerhin 25 Sekunden vor Jürgen Zäck. Und dann gelang mir das Unglaubliche: Ich konnte meinen Vorsprung gegenüber dem Radspezialisten Jürgen Zäck auf der Strecke durch das Siebengebirge auf 1:34 Minuten ausbauen und glaubte schon fest an einen Sieg.

Aber in den Beueler Rheinauen zeigte Jürgen Zäck, dass er zu den Besten der Welt gehört und ein harter Kämpfer ist. Die Zuschauer erlebten einen spannenden Wettkampf mit. Zäck erreichte in 2:45:39 Stunden als Erster das Ziel. Ich kam mit einer Endzeit von 2:46:01 Stunden »nur« auf den 2. Platz. Mein Respekt vor Jürgens Leistung wuchs. Es ist keine Schande gegen ihn zu verlieren, denn er ist einer der besten Triathleten der Welt. Jürgen hatte einen beeindruckenden Sieg auf der Laufstrecke errungen. Es wäre zu schön gewesen, das erste Mal gegen Zäck zu gewinnen, aber es kann eben nur einen Sieger geben.

Jürgen und ich hatten uns für den Saisonhöhepunkt in Roth einiges vorgenommen. Zäck wollte diesen bedeutenden europäischen Wettkampf zum dritten Mal gewinnen und ich selbst rechnete mir einen Platz unter den drei Ersten aus.

Vor Roth nahm ich am 28.6.1998 als einziger Deutscher an der Triathlon-Meisterschaft in Antwerpen teil. Es war mein erster Wettkampf in Belgien mit vielen Top-Athleten, aber ich konnte mich gegen eine starke Konkurrenz aus Frankreich, Belgien und den Niederlanden durchsetzen und erreichte den 1. Platz. Luc van Lierde, der »schnellste Mann über die Langdistanz«, war bei diesem Wettkampf Zuschauer und gab natürlich Interviews. Er hatte nicht daran geglaubt, dass ich es schaffen würde.

Anschließend konzentrierte ich mich auf den Saisonhöhepunkt in Roth am 12. Juli, bei dem die ganze Weltelite vertreten sein würde. Nach meinem Sieg in Antwerpen war ich einer der Favoriten und vor dem Saisonhöhepunkt stieg das Interesse der Medien an meiner Person. Immer wieder stand ich im Rampenlicht der Sportpresse. Fernseh- und Rundfunkanstalten zeichneten Reportagen und Interviews mit mir auf. Viele erwarteten meinen Sieg in Roth und hofften mit mir auf die sportliche Sensation des Jahres.

»Wenn man bedenkt, wie professionell meine Konkurrenten trainieren können, dann sehe ich mich nicht unbedingt in der Favoritenrolle!«, erklärte ich kurz vor Roth in einem Interview. Thomas Hellriegel, der zur internationalen Triathlon-Elite zählte, war fünf Wochen in einem Höhentrainingslager und wie alle TopAthleten wurde er von Sportwissenschaftlern und Medizinern betreut. Von diesen Bedingungen konnte ich wirklich nur träumen.

Das ZDF drehte ein Porträt über mich, das am Tag nach dem Rother Triathlon ausgestrahlt werden sollte. Im Scheinwerferlicht dachte ich an die Dunkelheit meines ersten Lebens. Die örtliche Presse kommentierte den ZDF-Beitrag noch vor dem Wettkampf in Roth.

Mit Akribie auf dem Sprung in die internationale Triathlon-Karriere!« Nach seinem fulminanten Sieg in Antwerpen gilt der 30-Jährige als einer der ganz großen Favoriten. Auch das Fernsehen ist zwischenzeitlich auf Niedrig aufmerksam geworden. Gestern weilte ZDF-Redakteurin Barbara Luther mit einem Kamerateam in Recklinghausen, um an seinem Arbeitsplatz im Hause Lückenotto ein Porträt zu drehen. Gesendet wird der Beitrag am kommenden Montag in der Sendung »Hallo Deutschland« ab 17:30 Uhr, einen Tag nach dem Wettkampf. Wer weiß, vielleicht können dann sogar auch aktuelle Siegerbilder in den Streifen eingearbeitet werden. Denn mit absoluter Akribie hat sich Niedrig auf den Triathlon vorbereitet.
Drei Wettkämpfe bestritt er in diesem Jahr, zweimal hat er als Erster die Ziellinie überquert, einmal als Zweiter. Mit Sicherheit wird er am Sonntag als einer der Ersten aus dem Wasser steigen, gilt er doch als Top-Schwimmer im Feld von fast 2000 Athleten. Auch beim Radfahren hat er inzwischen Spitzenwerte erreicht. Bleibt das Laufen: Hier könnten Vollprofis wie Lothar Leder, Thomas Hellriegel oder Jürgen Zäck aufholen – eine spannende Entscheidung wird es allemal ...

Der große Tag rückte immer näher! Roth war und bleibt für mich das Geilste überhaupt. Hier sind alle Fans mit Leib und Seele dabei. Jedem Athleten läuft ein kalter Schauer über den Rücken, wenn die Zuschauer ihn anfeuern. Und nicht nur die Spitzenleute, sondern jeder wird bejubelt und beklatscht. Das Ziel erreichen, lautet die Devise. Diese Atmosphäre gibt es bei keinem anderen Triathlon-Wettkampf der Welt.

Der 12. Juli erwachte unter einem grauen Himmel. Es regnete und war für die Jahreszeit viel zu kalt. Ein Scheißwetter für diesen Sport und wir froren uns alle einen ab. Trotz der schlechten Witterungsbedingungen verfolgten etwa 150 000 Zuschauer den Wettkampf um den »Ironman-Europe«.

Die Spannung begann schon im Morgengrauen, als ich als Dritter aus dem kalten Wasser des Europakanals bei Hilpoltstein stieg. Das Favoritentrio Zäck, Hellriegel und Leder bewegte sich noch auf Platz 15 bis 20. Wir mussten immer noch gegen starken Wind und strömenden Regen ankämpfen. Beim Radfahren konnte ich den großen Abstand und meine Führung über eine Stunde auskosten, aber Jürgen Zäck und Lothar Leder rückten immer näher. Hellriegel, der 1997 auf Hawaii Weltmeister wurde, war bei dem miesen Wetter abgefallen, ganz wie ich erwartet hatte. Es war nicht sein Tag. Aber Jürgen Zäck machen kalte Temperaturen nicht so viel aus.

Der Verfolgungsdruck brachte mich mental in eine schwierige Wettkampfsituation. Wenn es dir gelingt, den inneren Schweinehund zu besiegen, und dein Körper macht, was der Kopf befiehlt, nur dann funktioniert es. Ich habe einen starken Willen, kann kämpfen und will gewinnen, aber beim Anstieg zum Kalvarienberg übernahmen Zäck und Leder die Führung. Trotz starken Gegenwindes konnte ich mit den beiden noch eine Zeit lang mithalten.

Dann misslang es mir auf der Laufstrecke, eine Getränkeflasche zu übernehmen. Aufgrund der fehlenden Flüssigkeit bekam ich Krämpfe, fiel weiter ab und wurde Dritter. Ich war dennoch zufrieden, denn mit Zäck und Leder erzielten wir einen sensationellen deutschen Dreifachsieg und ich durfte mit auf das Siegertreppchen steigen. Mein Erfolg bei der neben Hawaii wichtigsten Triathlon-Veranstaltung auf der ganzen Welt brachte mir immerhin einen Siegerscheck von 6100 US-Dollar ein.

Mit dem dritten Platz in Roth qualifizierte ich mich für die Weltmeisterschaft in Japan. Bundestrainer Reinhold Häußlein nominierte mich für die Langdistanzweltmeisterschaft im japanischen Sado Island am 23.8.1998. Während Jürgen Zäck und Lothar Leder sich in Florida auf Hawaii vorbereiteten, sollte ich die Deutsche Triathlon Union (DTU) in Japan vertreten und freute mich schon auf die Reise.

Aber nach Roth bekam ich gesundheitliche Probleme und musste die Teilnahme an der Weltmeisterschaft in Japan absagen. Muss es im Leben immer wieder Tiefen geben, um die Höhen auch richtig genießen zu können? Das fragte ich mich, als ich wie ein nasser Sack kraftlos im Bett lag und mich die geballte Energie der letzen Wochen zu verlassen schien. Ich hatte noch so viel vor, wollte bei weiteren Wettkämpfen starten, aber in diesem Jahr lief sportlich nichts mehr. Aber so konnte ich mich wenigstens auf meinen Job konzentrieren und schloss meine Gesellenprüfung ab. Vor dem Jahreswechsel flog ich wieder nach Teneriffa.

1999: Dritter in Neuseeland

Auf den Kanaren fand ich optimale Möglichkeiten zur Vorbereitung auf den Ironman in Neuseeland. Dieser Wettkampf ist für Europäer eine der schwersten Veranstaltungen. Die meisten kommen aus dem Winterlager. Weltklasse-Athleten aus anderen Kontinenten und Europäer, die es sich leisten können, bereiten sich in südlichen Gefilden auf Neuseeland vor.

Eine Woche vor dem Wettkampf flog ich nach Neuseeland. Mein Sohn Lorenz hatte mich mit einer fiebrigen Erkältung angesteckt und nach dreißig Flugstunden landete ich völlig erschöpft am anderen Ende der Welt. Das Feriengebiet rund um den Lake Taupo ist als Austragungsort geeigneter als die Region im nördlichen Auckland.

Ich wollte zunächst meine Teilnahme absagen, schluckte aber drei Tage Antibiotika und startete doch. Ich mobilisierte körpereigene Energien, die ich niemals vermutet hätte. Beim Wettkampf stieg ich als Erster aus dem Wasser, konnte meinen Vorsprung auf dem Rad weiter verteidigen und hatte trotz heftigen Dauerregens nach dem Wechsel vom Rad zum Laufen bereits einen Vorsprung von 2:20 Minuten.

Aber beim Laufen überfiel mich starker Husten. Mein Körper nahm kein Wasser mehr auf und die Beine wollten nicht mehr mitmachen. Erst kurz vor dem Ziel überholten mich der Amerikaner Tim de Boom und der Neuseeländer Cameron Brown. Auch wenn es zum erhofften Sieg nicht reichte, der 3. Platz in Neuseeland war ein hervorragendes Ergebnis. Und wieder nahm ich mir vor, nicht immer der ewige Dritte zu sein und bei einem bedeutenden Wettkampf einmal als Erster das Ziel zu erreichen.

Über diesen Wettkampf in Neuseeland berichtete die »Westdeutsche Allgemeine Zeitung« am 8.3.1999:

... zum erhofften Sieg beim größten Ironman auf der anderen Seite der Welt (außer Hawaii) in Neuseeland reichte es zwar nicht ganz. Doch der Oer-Erkenschwicker Triathlet belegte einen hervorragenden dritten Platz, obwohl er kurz vor dem Start am Wochenende an sich selbst zweifelte und wegen einer fiebrigen Erkältung sogar einen Startverzicht ernsthaft in Erwägung zog, nachdem ihn das Fieber immerhin drei Tage an die Kette gelegt hatte.

In der Mai-Ausgabe des »Triathlet« schrieb Stefan Herre über meine Teilnahme am Air New Zealand Ironman:

... für positive Schlagzeilen sorgte ein anderer Europäer – Andreas Niedrig. Der 31-jährige Orthopädie-Mechaniker aus dem Ruhrgebiet, schon vorher als einer der Mitfavoriten auf den Sieg gehandelt (obwohl noch nie in Neuseeland am Start), zeigt auch gleich in der Paradedisziplin den beiden Kiwis Brown und Clode, dass exzellente Schwimmer nicht unbedingt vom fünften Kontinent kommen müssen.
Nach 1,2 km setzte sich Niedrig im glasklaren Lake Taupo an die Spitze des Feldes und baute seinen Vorsprung kontinuierlich aus. In starken 47:06 bewältigte der zweifache Familienvater die 3,8 km, als wäre nichts gewesen – dabei lag er einige Tage vorher noch ziemlich angeknocked mit hohem Fieber im Bett ...
... auch auf der Radstrecke war Niedrig keineswegs anzumerken, dass er vor dem Rennen aufgrund seiner Hustenanfälle Antibiotika einnehmen musste. 180 km allein auf weiter Flur hielt sich der letztjährige Roth-Dritte mit dem drittbesten Rad-Split von 4:49:22 recht beachtlich, auch wenn ihm – wie er nach dem Rennen sagte – jeder einzelne Kilometer wehtat ...
... die Folgen seines Infektes wurden immer sichtbarer: »Wie ich die 42 Kilometer gelaufen bin, weiß ich eigentlich nicht«, ließ er später

seinen Lauf Revue passieren. Bis Kilometer 26 konnte der Deutsche seinen Vorsprung auf de Boom halten ...

... wer im Finish-Bereich einen deprimierten Niedrig erwartet hatte, sah sich getäuscht: »Natürlich ist es schade, dass ich die zwei noch vorbeiziehen lassen musste und den Wettkampf so wenig genießen konnte – denn die Strecke und die vielen Zuschauer waren toll. Im Grunde kann ich aber mit dem Erreichten doch sehr zufrieden sein, auch wenn ich natürlich viel lieber gewonnen hätte. Na ja, vielleicht klappt's ja in Roth!

Im TriMa 5/1999 schrieb Urs Weber:

... im letzten Jahr etablierte sich Andreas endgültig in der Triathlon-Weltspitze, belegte hinter Jürgen Zäck und Lothar Leder den dritten Platz in Roth. In Neuseeland, bei seinem vierten Ironman-Start war er in diesem Jahr bester Deutscher. Dabei meistert Andreas den schwierigen Spagat zwischen Job, Familie und Triathlon auf bemerkenswerte Weise, ist dabei völlig unkompliziert geblieben und offen, fernab von jeglicher Arroganz oder Star-Allüren.

Nach Neuseeland gewann ich mehrere kleine Wettkämpfe. Während sich die anderen Weltspitzen aufgrund ihrer Sponsorenverträge auf einen oder wenige wichtige Wettkämpfe konzentrierten, brauchte ich auch die Preisgelder der kleineren Veranstaltungen, um meine große Leidenschaft zu finanzieren.

Nach der Anstrengung eines Wettkampfes benötigen die Muskeln mindestens zwei Tage, um sich zu regenerieren. Die Regenerationsphase der Psyche ist länger, und es wäre schon besser gewesen, ich hätte mehr trainieren können, anstatt mich bei unbedeutenderen Wettkämpfen zu verausgaben. Aber wie die Dinge nun einmal waren, startete ich auch wieder in Buschhütten und erkämpfe mir über die olympische Distanz den 1. Platz.

Danach hatte ich nur wenig Zeit zum Training, sah meine Chancen auf einen Sieg in Roth schwinden und sagte drei Wochen vorher ab. Aber bereits einen Tag nach der Absage siegte erneut der Kämpfer in mir. Ich meldete mich wieder an, denn meine Strapazen sollten nicht umsonst gewesen sein. Sollte ich in Roth wieder den dritten Platz belegen, wäre die Siegerprämie mein Ticket nach Hawaii, denn als Nichtprofi lebte ich immer noch von der Hand in den Mund. Die anderen deutschen Spitzen Leder, Zäck und Hellriegel hatten alle Sponsoren, nur ich musste mir meine Wettkämpfe mehr oder weniger selbst finanzieren.

In diesem Jahr hatten sich 2100 Triathleten aus 51 Nationen in Roth angemeldet. Top-Favorit war Vorjahressieger Jürgen Zäck. Aber auch Thomas Hellriegel hatte den Ehrgeiz, dieses Rennen einmal zu gewinnen. In den Medien war ich der Shooting-Star der Triathlon-Szene und viele hofften auf meinen spektakulären Sieg in Roth. Deutsche Triathleten sind auf der Langstrecke die besten der Welt, und ich bin sehr stolz darauf, dass ich Hellriegel und Leder bei anderen Wettkämpfen schon besiegen konnte. Hellriegel wurde in Roth hinter mir Vierter und Leder konnte ich in Buschhütten schlagen. Jürgen Zäck konnte ich leider noch nicht besiegen. Aber was nicht ist, kann ja noch werden, dachte ich voller Zuversicht.

Mit Startnummer 3 stieg ich bei guten Wettkampfbedingungen in der ersten Gruppe mit den fünfzig besten »Eisenmännern« der Welt in den Kanal. Bereits im Morgengrauen waren mehrere tausend Fans auf den Beinen. Ich stieg als Zweiter aus dem Wasser. Meine ärgsten Konkurrenten Zäck und Hellriegel waren vier bzw. zwei Minuten langsamer, aber ich wusste, dass die beiden sich mit mir beim Radfahren einen spannenden Kampf liefern würden. Bei Kilometer 75 holte die Verfolgergruppe um Zäck und Hellriegel mich ein. Zäck lockte die anderen an ihre Leistungsgrenzen, ließ sich zurückfallen. Dann drehte er wieder voll auf. Er zeigte erneut eindrucksvoll, dass er einer der Besten auf dem Rad ist.

In dieser spannendsten Phase des Wettkampfs dachte ich, ich platze weg. Wegplatzen nennt man das Abreißen von der Spitzengruppe. Aber ich platzte nicht weg, sondern lieferte mir mit Zäck und Hellriegel einen spannenden Dreikampf. Wir erreichten gleichzeitig die Wechselzone. Zäck war beim Wechseln der Schnellste, konnte seinen Vorsprung beim Laufen ausbauen und lief vor Hellriegel durch das Ziel. Ich wurde wieder Dritter. Werde ich in Roth ewig der Dritte bleiben, fragte ich mich?

Mit meiner persönlichen Bestzeit bei einer Radfahrzeit von 4:18:00 Stunden (das ist eine Durchschnittsgeschwindigkeit von ca. 42 km/h) konnte ich trotz der vierwöchigen Trainingspause meine Position in der Weltspitze behaupten. Das war für mich der bislang schnellste Wettkampf gewesen. Die Kamerateams drängten sich um die Sieger. Viele lobten meine Leistung und ahnten immer noch nichts von meiner Drogenkarriere. Mein voriges Leben war noch nicht in die breite Öffentlichkeit gedrungen. Ich beantwortete viele Fragen zu meinen sportlichen Zielen, lächelte still vor mich hin und war mit dem Ergebnis zufrieden.

Viele Spitzenathleten der Weltklasse in Roth würden auch in Hawaii starten. Ich hatte trotz ungünstiger Rahmenbedingungen bei der Vorbereitung auf diesen wichtigen Wettkampf einige Spitzentriathleten weit hinter mir gelassen. In diesem Jahr säumten insgesamt 80 000 Zuschauer die Wettkampfstrecke. Es wurden 3,1 Tonnen Bananen, 21 500 Energieriegel und 11 275 Liter Mineraldrinks an die Athleten verteilt.

Zäck kassierte in Roth ein Preisgeld von 14 000 US-Dollar, Hellriegel 10 000 und ich konnte mit den 6100 US-Dollar wieder meinen Hawaii-Triathlon finanzieren. Für eine neue

Bestmarke unter 7:50:27 Stunden wäre eine Rekordprämie von 125 000 US-Dollar ausgeschüttet worden, aber die Weltbestzeit des Belgiers Luc van Lierde von 1997 konnte auch Zäck mit 7:56:00 Stunden nicht knacken. Ich war mir ziemlich sicher, dass ich Zäck bei einer optimalen Vorbereitung schlagen könnte, und hoffte, im Oktober in Hawaii zu siegen. Die Zeitungen berichteten ausführlich über meinen Erfolg und viele würdigten meinen Kampfwillen, dass ich trotz der schlechten Vorbereitung einen dritten Platz erzielt hatte.

Die »Westdeutsche Allgemeine Zeitung« schrieb:

> Wenn es noch eines Beweises bedurft hätte, wie stark er wirklich ist: Andreas Niedrig hat ihn am Sonntag erbracht. Der Oer-Erkenschwicker Triathlet bestätigte seinen Platz in der internationalen Spitze mit einem dritten Platz beim Ironman Europe in Roth und einer persönlichen Bestleistung von 8:03:54. Dem Ärger, den stundenlangen Kampf gegen die deutschen Profis Jürgen Zäck und Thomas Hellriegel doch nicht gewonnen zu haben, wich die Freude über die Gewissheit: Andreas Niedrig ist endgültig als dritte deutsche Kraft etabliert.

Der »Kurier zum Sonntag« kommentierte:

> ... Niedrig bewies allen Skeptikern, was wirklich in ihm steckt. Der Ausnahmeathlet, dem Ehrgeiz und Leistungswille nachgesagt wird, raffte sich einmal mehr auf und bewies der Welt, was in ihm steckt. Nach dem Schwimmen verließ er den Main-Donau-Kanal als Zweiter. Beim Radfahren konnte er den Anschluss an Jürgen Zäck und Thomas Hellriegel halten und mit ihnen zusammen die Wechselzone erreichen. Erst beim abschließenden Marathon musste Andreas Niedrig seinem Trainingsrückstand Tribut zollen und die beiden Führenden Zäck und Hellriegel ziehen lassen.
> Am Ende reichte es aber doch noch zum sensationellen dritten Platz. Dabei blieb der Oer-Erkenschwicker mit einem komfortablen Vor-

sprung noch vor dem Hawaii-Vierten Christoph Mauch, einem Profi aus der Schweiz. Mit dieser Leistung hat sich Andreas Niedrig endgültig in der Weltspitze etabliert ...

Nach meinem Erfolg in Roth lieferte der Journalist Olaf Krimpmann in der »Westdeutsche Allgemeinen Zeitung« in einem Porträt vom 29.6.1999 erstmals einen Hinweis auf meine Vergangenheit:

... seit Sonntag ist er endgültig ganz oben, der Oer-Erkenschwicker Andreas Niedrig, doch das war nicht immer so. Wenn der Ausspruch »Das Leben ist eine Achterbahnfahrt!« auf einen Menschen zutrifft, dann auf den 31-jährigen Oer-Erkenschwicker. Ruhe und Mittelmaß kennt Andreas Niedrig nicht, Extreme kennzeichnen den Lebensweg des zweifachen Familienvaters, Höhen und Tiefen. Andreas Niedrigs Geschichte ist eine, die selbst Hollywoods Drehbuchautoren nicht besser hätten schreiben können, und sie ist für einen deutschen Spitzensportler einmalig. Über die dunklen Punkte in seinem Leben möchten weder Andreas Niedrig noch Ehefrau Sabine (»Eine schlimme Zeit!«) gern sprechen. Das ist nur allzu verständlich, aber der wahre Grund für Niedrigs im wahrsten Sinne des Wortes fanatischen Einsatz für seinen Sport hat eben auch mit den dunklen Kapiteln zu tun. Vor gar nicht allzu langer Zeit nämlich war Andreas Niedrig am Boden, buchstäblich ganz unten.

Auf zwei Bundesligawettkämpfen und einigen kleineren Veranstaltungen bereitete ich mich auf Hawaii vor, obwohl ich die Finanzierung noch nicht geklärt hatte. Mein Chef genehmigte mir unbezahlten Urlaub, damit ich professionell trainieren konnte. Ich zählte zu den Geheimfavoriten für den Ultra-Triathlon auf der Pazifikinsel und sah mich – entgegen meiner eigenen Einschätzung vor dem Wettkampf in Roth – auch selbst in der Favoritenrolle. Flug, Startgeld und Unterkunft konnte ich dann doch noch über Sponsoring und meine Prämie in Roth finanzieren, aber ich musste ja auch meinen Arbeitsausfall mit einkalkulieren, sodass mir noch 15 000 bis 20 000 Mark fehlten. Diesen Betrag brauchte ich für ein Trainingslager auf Lanzarote oder Mallorca. Denn nur dort konnte ich mich unter optimalen Bedingungen vorbereiten. Mit meinem Trainer Steffen Große produzierte ich noch einen Triathlon-Lehrfilm für Sportinstitute und Interessierte. In Bad Reichenhall bereitete ich mich mit meinem Triathlon-Freund Stefan Holzner auf die nächsten Wettkämpfe vor.

Danach flog ich wieder nach Mallorca. Beim Landeanflug hatte ich das Gefühl, ich würde in meiner zweiten Heimat ankommen. Ich war inzwischen mehr als zehnmal auf dieser wunderschönen Insel gewesen. Den »Ballermann« hatte ich zwar noch nie besucht und habe auch nicht das Gefühl, etwas vermisst zu haben. Ich genoss beim Training die paradiesische Natur der Insel: blühende Bäume, Wasser und Berge in allen Variationen. Auch in diesem Jahr radelte ich durch alte Dörfer, in denen die Zeit stehen geblieben zu sein schien.

Mein Trainingsplan war absolut hart:

05:30 bis 06:20 Uhr: Waldlauf
06:40 bis 08:00 Uhr: Schwimmen
08:00 bis 08:30 Uhr: Kraftgymnastik
09:00 bis 13:00 Uhr: halber Arbeitstag in meinem Beruf
13:00 bis 18:00 Uhr: Radfahren
20:00 bis 21:00 Uhr: Laufen oder Krafttraining

Ich strampelte in acht Tagen 1600 Radkilometer runter, schwamm 30 und lief 160 Kilometer. Beim »Balearman« erreichte ich drei Wochen vor dem Hawaii-Triathlon auf Mallorca erneut den 1. Platz.

Zerstörte Hoffnung

Beim Landeanflug erlebte ich die Pazifikinsel intensiver und freundlicher als bei meinem ersten Aufenthalt. Der Pazifik ist 27 Grad warm und auf der Radstrecke gibt es keine Berge. Aber der Wind bläst einem wie ein warmer Föhn ins Gesicht, und man ist auf große Strecken mit sich alleine, da in der Wüste kaum Zuschauer den Wettkampf verfolgen.

Auf Hawaii würde mein großer Traum von der Qualifikation für die Olympiade 2000 in Sydney Wirklichkeit werden, denn der Sieger des Insel-Marathons sollte eine Wildcard erhalten, also den Freifahrtschein zur Olympiade. Dies hatte das Internationale Olympische Komitee (IOC) damals verkündet. Später erfuhr ich, dass es keine Wildcard gab, aber damals hoffte ich auf die Olympia-Qualifikation. Mein Flug nach Sydney war zum Greifen nahe.

Leider musste Jürgen Zäck wegen eines Bandscheibenvorfalls seine Teilnahme an diesem Wettkampf absagen – damit stiegen meine Chancen. Mit Hellriegel und Leder zählte ich zu den deutschen Favoriten bei diesem Kult-Triathlon am 24.10.1999. In meinem Appartement fühlte ich mich fast wie zu Hause und war froh, dass mein Freund Andreas Knillmann bei mir war. Ich hatte einen neuen Rad-Sponsorenvertrag über drei Jahre erhalten und blickte voller Zuversicht in meine sportliche Zukunft.

Aber einen Tag vor dem Wettkampf erkrankte ich an Durchfall. Die Magenbeschwerden führte ich auf meine Nervosität zuruck. Fast alle Eisenmänner spüren vor der faszinierenden Kulisse auf Hawaii ihre schlotternden Knie in ihren stählernen Körpern. Aber letztendlich reagiert jeder Athlet anders auf diese Angespanntheit. Das Rumoren in meinem Darm wurde stärker. Ich lief morgens zur Wettkampfstätte und hoffte, dass nur meine Nervosität der Grund für meine Beschwerden sei.

Dann dröhnte der Startschuss. Es war wie immer ein faszinierender Moment, als die Triathleten das Meer »zum Kochen« brachten. Die Wasseroberfläche dampfte. Beim Schwimmstart kam ich gut weg, doch schon bald spürte ich wieder den Druck in der Magengegend. Ich verdrängte das Gefühl, schwamm wie ein Wilder, stieg als Nummer 1 aus dem Wasser, aber Tim de Boom verließ als Erster den Fuhrpark. Ich konnte lange an der Spitze auf dem heißen Asphalt der Lavawüste mithalten.

Leder machte mächtig Dampf und erreichte die Spitze des Fahrerfelds. Nach 60 Kilometern wurde Lothar wegen unerlaubten Fahrens im Windschatten des Vordermanns und Unterschreiten des Sicherheitsabstands verwarnt. Bis km 90 konnte ich mich im Spitzenfeld behaupten, dann zwang mich der Druck im Magen zu einer ersten Zwangspause. Aber am Wendepunkt begann das Rennen erst richtig, denn nun blies der warme Wind gegen die Fahrtrichtung.

Kurze Zeit später musste ich wieder zur Toilette. Die Abstände zur Spitze wurden größer und Hellriegel war inzwischen aufgefahren. Immer wieder musste ich darauf achten, die fünf Radlängen zwischen mir und dem Vordermann einzuhalten, da ich ansonsten eine Verwarnung oder Strafpunkte und schlimmstenfalls sogar eine Disqualifikation riskiert hätte.

Diese Regelung wurde Lothar Leder zum Verhängnis. Er lag dreißig Sekunden vor den Verfolgern, als der Streckenposten ihm die Rote Karte zeigte. Die Rennkommissare auf dem Motorrad stoppten ihn und er musste den Wettkampf abbrechen. Nach 180 Radkilometern war ich beim Wechsel zum Laufen immer noch in der siebten Position. Die ersten zehn Meilen lag ich gut im Schnitt und hoffte immer noch auf die Spitzenposition.

Aber dann kam der absolute Einbruch. Nach einer erneuten Toilettenpause gelang es mir nicht mehr, an die Spitzengruppe anzuschließen. Meine akuten Darmprobleme zwangen mich insgesamt sechsmal zu einem Zwischenstopp. Ich fühlte mich total kraftlos und ausgepowert und wollte aufgeben. Warum nahm ich diese Strapazen nur auf mich? Das war doch die reinste Selbstquälerei. Mein Körper nahm keine Flüssigkeit mehr auf und das Wasser schoss direkt durch. Aber der Gedanke an meine Buchpremiere trieb mich an, diesen Wettkampf durchzustehen.

Letztendlich blieb Luc van Lierde der König der Eisenmänner und konnte die begehrte Trophäe mit nach Belgien nehmen. Die 10 000 Dollar hätte ich auch dringend gebrauchen können. Fünf Minuten später lief der Kanadier Peter Reid durchs Ziel. In den Jubel der Sieger mischte sich meine Enttäuschung, aber unter den gegebenen Umständen hatte ich wieder eine starke Leistung erbracht: Platz 14 von 1500 Teilnehmern, von denen man allerdings nur etwa 200 Triathleten leistungsmäßig mit mir vergleichen kann. Ich hatte meine Zeit gegenüber meinem ersten Wettkampf auf Hawaii um knapp 26 Minuten verbessert und eine Gesamtzeit von 8:44:46 Stunden erreicht. Vor zwei Jahren hatte ich für den 17. Platz noch 9:10 Stunden gebraucht.

Wenn ich die Unterbrechungen abziehe, war das eine wahnsinnige Spitzenleistung, auch wenn das Ergebnis nicht meine hohen Erwartungen erfüllte. Welchen Platz hätte ich ohne die massiven Darmprobleme erreichen können? Alle Triathleten erleben immer wieder Höhen und Tiefen. Und wenn es nur den optimalen Wettkampf geben würde, wäre unser Sport langweilig. Genau dies macht diese Disziplin für Triathleten so attraktiv. Du weißt nie, wer wirklich dein Gegner ist. Ist es derjenige, der als Erster aus dem Wasser steigt, oder vielleicht der Dritte? Wer ist stark auf dem Rad und wer hat die Kraft, beim Laufen einen hohen Rückstand wieder aufzuholen? Vielleicht bist du selbst dein eigener Gegner, weil du den Wettkampf zu schnell angegangen bist, dich nicht optimal ernährt und dein Kräftereservoir verbraucht hast?

Thomas Hellriegel war auch enttäuscht, denn er lief als Sechster durch das Ziel. Er wollte gewinnen, und ich hatte mir fest vorgenommen, als zweiter Deutscher unter die drei Ersten zu kommen. Wir bauten uns gegenseitig wieder auf. Von wegen: Es gibt kein Bier auf Hawaii. Thomas Hellriegel und ich lagen auf der Massagebank und tranken eins. Er sagte nur: »Der Wettkampf war zwar Scheiße, aber das Training für Hawaii war mal wieder klasse!« Es war halt nicht der Tag der deutschen Triathleten: Leder disqualifiziert. Hellriegel Sechster und ich auf Platz 14. Aber immer wieder hielt ich mir vor Augen, dass ich der einzige Amateur unter den weltbesten Triathleten war. Ich dachte: »Dem Sport bleibe ich treu. So schnell gebe ich nicht auf. Aber jetzt wird erst mal am Buch weitergearbeitet!«

Die Gespräche und das Tonbandprotokoll mit Jörg Schmitt-Kilian waren für mich wie eine zweite Therapie. Immer wieder sah ich in den Spiegel meiner Vergangenheit, und bei seinen bohrenden Fragen wurden auch alte Wunden aufgerissen, die wohl niemals vernarben werden. Der Autor hatte in seinem 1996 erschienenen Buch »Sucht ist in der feinsten Hütte« einen ersten Hinweis auf meine Vergangenheit gegeben. Aber sie wurde lediglich als eine von vielen Geschichten präsentiert, die er nach etlichen Begegnungen mit Junkies, Eltern und Drogenfahndern nach der Schilderung meines Vaters geschrieben hatte.

Kurze Zeit später flog ich zu meinem nächsten Wettkampf nach Florida. Zwischenzeitlich hatte sich die Geschichte mit dem Buch in der Triathlonszene rumgesprochen. Graham Fraser zeigte starkes Interesse an einer weltweiten Vermarktung meiner Story und einer Lizenz für den amerikanischen Markt. Sportjournalisten der Fachzeitschriften und Redakteure von Fernsehsendern wollten mehr erfahren. Aber wenn wir bereits vor der Buchpremiere die Katze aus dem Sack lassen würden, hätten die Medien das Thema schon verbraten. Ich wollte selbst bestimmen, wann der Hintergrund meiner wahren Geschichte in den Medien zu erscheinen hat. Bei meinem Hauswettkampf in Roth sollte es sein.

V

Vom Ironman zum Medienstar

2000: Öffentliche Beichte

> »Meine Tochter sollte die Drogenvergangenheit
> ihres Vaters nicht aus den Medien erfahren!«

Im Januar erschien in »Runners World« ein großer Artikel über Joschka Fischer und sein Buch »Mein langer Lauf zu mir selbst«. Der Verfasser meiner Biografie hatte zunächst denselben Arbeitstitel gewählt, musste bei der Anmeldung aber darauf verzichten, da er ja leider schon vergeben war. Ich fragte mich, ob mein Buch von den Medien genauso beachtet werden würde wie das des Außenministers. Und würde ich ebenfalls kostenlose Werbung in den Medien und Fachzeitschriften erhalten?

Wenige Tage später gab Steffen Gerth in der »Tour« unter der Überschrift »Vom Besonderen träumen« den ersten Hinweis auf die Veröffentlichung meiner Biografie:

> ... es gibt viele Möglichkeiten, sein Leben aufregender zu gestalten. Man kann es ändern, man kann Drogen nehmen, und man kann sich in eine Ersatzwelt flüchten. Triathlon ist eine solche Fluchtmöglichkeit und ein Auffangbecken für viele Alltagsmüde auf der Suche nach dem Besonderen ...
> ... als Andreas Niedrig vor sechs Jahren mit dem Triathlon begann, war er ein körperliches Wrack. Zigaretten rauchte er Kette – immerhin hatte er es gerade geschafft, von schlimmeren Drogen loszukommen. Welche das waren und wie ihm der Absprung gelang, das will er nicht sagen, darf er nicht sagen. Niedrig hat die Rechte an seiner Lebensgeschichte an den Autor Jörg Schmitt-Kilian abgetreten. Der schreibt an der Biografie des Andreas Niedrig, die im Februar fertig werden soll. Dafür ist das Vermarktungskonzept des Buches

schon klar. »Das Buch soll eingebunden werden in Anti-Drogen-Kampagnen!«, sagt Schmitt-Kilian. Natürlich ist die Lebensgeschichte eines Ex-Junkies, der ein erfolgreicher Sportler wird, eine tolle Story und ein Segen für Buchautoren: Auch die World Triathlon Corporation (WTC) der Ironman Serie hat bereits durchblicken lassen, dass sich so eine Geschichte auch in Amerika bestens verkaufen könnte. Klar: Sie deckt sich hundertprozentig mit der Ironman-Philosophie: »Du kannst alles, du musst es nur wollen!«

Ich hatte bis dato die Redakteure der regionalen Presse gebeten, nichts über meine Vergangenheit zu berichten. Und ich fand es gut, dass sie meine Privatsphäre akzeptierten. Aber mit jedem sportlichen Erfolg stieg das Interesse der Reporter, die eine sensationelle Story witterten und erste Andeutungen über meine Vergangenheit machten. Als Untertitel der Headlines über meine sportlichen Erfolge waren immer öfter Anspielungen zu lesen wie: »Vom Partylöwen zum Ironman« oder »Vom Kettenraucher zum Ironman«. Wir wussten, dass dort irgendwann »Vom Junkie zum Ironman« stehen würde, und so wählten wir diesen Titel für mein Buch.

Vor der Buchpremiere hatte ich große Angst, wie Jana das alles verkraften würde. Sie war erst dreizehn und wusste noch gar nichts von meiner Vergangenheit. Ich wollte ihr am liebsten alles vorher beichten. Es würde nicht einfach sein, meiner Tochter zu offenbaren, dass ich nicht immer der tolle Sportler gewesen war und es schlimme Zeiten gegeben hatte, in denen ihr Papa nicht regelmäßig zur Arbeit ging, weil er gar keine hatte. Wie sollte ich ihr verständlich machen, dass ich sie im Kinderwagen mit auf die Szene genommen hatte, um mich beim Heroinkauf besser zu tarnen?

Ich verschob das Gespräch von einem Tag auf den anderen. Aber die Veröffentlichung meiner Vergangenheit stand kurz bevor. Eines Abends setzte ich mich an Janas Bett und suchte verzweifelt nach den richtigen Worten. Meine Tochter spürte sofort, dass ich etwas auf dem Herzen hatte, und sagte: »Mensch, Papa! Sag schon! Was ist los?« Ich schämte mich abgrundtief und erzählte ihr von früher. Ich weiß nicht mehr, welche Worte ich benutzte, aber ich kann mich noch genau daran erinnern, was Jana antwortete: »Papa, wo ist das Problem? Hauptsache, du bist nicht tätowiert. Also, ist doch alles okay, oder?«

Mir fiel ein Stein vom Herzen, aber ich wusste, dass mir Jana mit zunehmendem Alter unangenehmere Fragen stellen würde. Sabine und ich verbrachten viele schlaflose Nächte und machten uns Gedanken, was die Veröffentlichung meiner Geschichte auslösen könnte. Wir waren zuversichtlich, dass unsere Beziehung nicht darunter leiden müsste. Als Ehepaar hatten wir schwere Zeiten überwunden, schlimmer konnte es nicht mehr kommen. Aber wie würden Janas Freundinnen reagieren, wenn sie erfahren würden, dass dieser Papa heroinabhängig und kriminell gewesen war? Würden alle Eltern ihren Kindern den Umgang mit der Tochter eines »kriminellen Fixers« verbieten? Wie würde unser Umfeld auf die Veröffentlichung meiner Lebensgeschichte reagieren?

Ich fragte Jana, ob ich der Klasse, den Eltern und Lehrern erzählen dürfte, was in dem Buch stehen würde. Jana hatte kein Problem damit, und so besuchte ich zum ersten Mal eine Schulklasse, um über mein Leben zu berichten. Sie war gerade in der fünften Klasse eines Gymnasiums. Ihre Mitschüler kannten mich nur als fröhlichen »Turnschuhpapa« und hatten zuvor noch nie das Thema Sucht behandelt. Innerlich sehr aufgewühlt, erzählte ich meine Geschichte. Sie waren sehr aufmerksam und hingen an meinen Lippen.

Nach dem Gespräch machten sich einige Kinder Gedanken, ob es in ihrem Umfeld auch Menschen gäbe, die etwas mit Sucht zu tun haben könnten. »Ist es Sucht, wenn mein Vater im Auto raucht, ich ihn bitte, die Zigarette auszumachen, da es stinkt und müffelt, er aber antwortet, er müsse jetzt einfach rauchen?« Eine andere Schülerin fragte: »Ist es Sucht, wenn meine Eltern jeden Abend eine Flasche Wein trinken?«

Ich beantwortete viele weitere Fragen und ahnte in diesem Moment nicht, dass ich noch unzählige Schulen besuchen würde. Natürlich wollte ich auch den Eltern von Janas Mitschülern aus erster Hand berichten, bevor sie es aus dem Fernsehen und den Zeitungen erfahren würden. Am Elternabend spürte ich, dass Erwachsene wahnsinnige Berührungsängste haben, wenn einer seine Probleme offenbart. Sie lauschten in sichtlicher Betroffenheit, aber ich erhielt keine einzige Rückmeldung.

Nach diesem Abend fühlte ich mich schlecht. Ich hatte einen Seelenstrip vollzogen und war unsicher, wie die Leute auf meine Lebensbeichte reagieren würden. Was dachten sie über mich? Würden sie in der Familie darüber reden oder eher verdrängen, was sie erfahren hatten? Würden sie ihren Kindern den Umgang mit Jana verbieten? Auf dem Heimweg bohrten sich viele Fragen in meinen Kopf. Sie tanzten wirr darin herum und texteten mich von allen Seiten zu. Mein Kopf schien zu explodieren. Als ich nach Hause kam, bemerkte Sabine, dass mir hundeelend war. Ich habe es versaut, dachte ich und ging mit einem schlechten Gewissen ins Bett.

Nach zwei Tagen erhielt ich den ersten Anruf. Am anderen Ende der Leitung war eine Mutter aus Janas Klasse. Ich atmete tief durch. Würde sie mich verurteilen, beschimpfen, mit Konsequenzen für Jana drohen? Aber meine Befürchtungen waren unbegründet. Die Frau bat mich um einen Rat, weil ihr Mann zu viel trank. Kurz danach klingelte wieder das Telefon. Eine andere Mutter machte sich Gedanken um den täglichen Alkoholkonsum. War das die Mutter des Mädchens, das sich um seine Eltern sorgte?

Hatte ich mit meiner Schilderung andere Eltern so sensibilisiert? Dann hatte ich mein Ziel ja erreicht! Ich erhielt sechs weitere Anrufe und erkannte, dass ich Menschen erreichen und selbst Weltmeister im Verdrängen zum Nachdenken anregen kann. Mein Vortrag war der Auslöser für viele, die nun den Mut fanden, mit anderen über ihre Probleme zu reden. Das Zauberwort heißt nicht Drogenkunde und Abschreckung, sondern Kommunikation.

Da ich im März nach Neuseeland fliegen wollte, hatte ich eine Einladung nach Chile und den Ironman in Dänemark aus finanziellen Gründen abgesagt.

Am 6. April wurde im SWR die Reportage »Sport unter der Lupe« ausgestrahlt. In diesem Film stand noch mein Leben als Sportler im Vordergrund. Kurz bevor meine Biografie auf den Markt kam, berichtete der »Spiegel« exklusiv über meine Geschichte. Der Redakteur Matthias Geyer hatte sich für gemeinsame Gespräche mit dem Autor und mir viel Zeit genommen. Voller Spannung fieberte ich dem Erscheinungstermin am 29. Mai entgegen.

Der Tag nach dem Blick in den »Spiegel«

»Die Narbe des Eisenmanns« war über vier Seiten lang und gut geschrieben. Nur der letzte Satz störte mich: »Manchmal«, sagt Andreas Niedrig, »hat er Lust, noch mal einen Joint zu rauchen.« Dieser Satz war während des gesamten Interviews nie über meine Lippen gekommen. Ich rief in der Redaktion an. Die Erklärung von Herrn Geyer verblüffte mich. »Dieser Satz muss dort stehen! Von journalistischer Seite ist das dramaturgisch sinnvoll. Überleg mal! Die Leute lesen deinen Artikel und sagen sich die ganze Zeit, wie toll, was der alles geschafft hat. Dann lesen sie den letzten Satz. Viele sind entsetzt und hoffen, dass du das niemals machen wirst.«

Ich las den Artikel wieder und wieder und gewann zunehmend den Eindruck, dass die Message zwischen den Zeilen lautete: Der ist zwar clean, aber was macht er, wenn er seinen Sport nicht mehr ausüben kann? Ich hatte das Gefühl, dass alle nur auf meinen Rückfall warteten. Nach dem Motto: Dann haben wir wieder etwas zum Schreiben.

Ich konnte ja nicht ahnen, dass die darauf folgenden Berichte meine Story so richtig verheizten, denn die »Spiegel«-Veröffentlichung löste ein gewaltiges Medienecho aus, das niemand erwartet hatte, ich am allerwenigsten. Bei uns zu Hause ging die Post ab. Ich erhielt unzählige Anfragen von Journalisten, von Fernseh- und Hörfunk-Redakteuren. Die meisten interessierten sich aber nur für meine Fixerbiografie. Jörg Schmitt-Kilian und ich erhielten mehrere hundert Zuschriften von Schulen, Kirchengemeinden, Jugendtreffs, die an suchtpräventiven Projekten interessiert waren.

Die öffentlich-rechtlichen Redaktionen von Beckmann und Kerner waren schneller als die privaten Fernsehsender. Sybille von Hartz, die Chefin unserer Presseagentur, riet mir, mich für einen Auftritt bei Beckmann zu entscheiden. Kurz danach wollte die Redakteurin eines privaten Fernsehsenders meinen Autor überreden, den Termin bei Beckmann zu canceln. Wir erteilten ihr eine Absage, doch sie gab sich damit nicht zufrieden, sondern bohrte in einem Fax weiter:

Lieber Herr Schmitt-Kilian,
hier noch mal meine Bitte. Wir möchten Andreas Niedrig gerne zu uns in die Sendung ... einladen. Mit der Absage will ich mich noch nicht ganz zufriedengeben.
Will Herr Niedrig wirklich zu Beckmann? Nicht lieber erst zu uns? Für Absprachen bezüglich Einzelheiten oder Studiobesetzung – z. B. ein Talk mit Ihnen und Niedrig – und einen entsprechenden Film dazu – sind wir noch ganz offen. Wäre schön, wenn Sie Ihre Entscheidung nochmals überdenken. Denn leider ist eines sicher (sagt mein Chef): Wenn er bei Beckmann auftritt, ziehen wir uns aus dem Rennen zurück. Und das wäre doch schade, denn man könnte so einen schönen Film über »Sport gegen Drogensucht – wie A. N. es geschafft hat« – machen ...

Ein anderer Fernsehsender wollte den »Weg als Junkie und die Rettung aus dem Sumpf« in den Vordergrund einer Reportage stellen. Der zuständige Reporter war besonders beeindruckt von meiner Selbsterkenntnis: »Ich war ein Junkie, bin ein Junkie und werde immer ein Junkie bleiben!« Klar, das würde wieder auf die Fixerstory hinauslaufen.

Am 5. Juni war es dann so weit. mein erster großer Fernsehauftritt in der ARD bei Beckmann.

Am Hamburger Hauptbahnhof erwartete mich ein Chauffeur im dunklen Anzug. Er wollte mir meine Tasche abnehmen. Ich lehnte dankend ab. Dann öffnete er mir die Autotür. Die ganze Sache war mir fremd und ich kam mir blöd vor. Auf der Fahrt ins Hotel hatten wir aber richtig Spaß miteinander. Er sagte: »Endlich mal jemand, mit dem man sich normal unterhalten kann!«

Und dann hielt die Edelkarosse vor dem »Kempinski«. Vor Hamburgs Nobelhotel öffnete mir ein Page die Wagentür und griff ebenfalls nach meiner Tasche. Ich wehrte mich noch einmal erfolgreich. Im Hotel begegneten mir Männer in feinen Anzügen mit Krawatte und elegant gekleidete Frauen. Sie beäugten mich mit herablassenden Seitenblicken, denn in den verwaschenen Jeans und dem Sweatshirt fiel ich sofort auf. Ich fühlte mich in dieser ungewohnten Umgebung sehr unwohl. Kleider machen halt immer noch Leute. Ich wusste nicht, wie ich mich verhalten sollte, und atmete erleichtert auf, als die Zimmertür hinter mir ins Schloss fiel.

Mit Blick auf die Uhr erkannte ich, dass ich nur noch wenig Zeit zum Trainieren hatte, bevor ich zur Sendung abgeholt werden sollte. Da der Ironman Roth bald meine ganze Leistung fordern würde, joggte ich noch ein wenig an der Alster entlang. Dann holte mich der Chauffeur wieder ab und ich kam mir schon ein wenig wichtig vor. Vor dem Eingang zum Fernsehstudio erwarteten mich einige Autogrammjäger, obwohl keiner wusste, wer ich war. Die stehen scheinbar immer da. Und jeder, der aus einem Wagen mit Chauffeur steigt, muss ihrer Meinung nach ein VIP sein.

Im Fernsehstudio kümmerten sich viele nette Menschen um mich. Meine Anspannung vor dem ersten großen Auftritt war ihnen nicht verborgen geblieben. Während des Vorgesprächs nahm mir Reinhold Beckmann mit seiner lockeren Art einen Teil meiner Nervosität. Ich wollte natürlich die Gelegenheit beim Schopf ergreifen, meine Sponsoren im Fernsehen zu präsentieren. Deshalb hatte ich mir ein

Hemd mit ihren Markenzeichen angezogen. Aber man erklärte mir, ich dürfe das in der Sendung nicht, und gab mir ein neutrales graues T-Shirt von Hugo Boss.

Erst im Vorgespräch mit Herrn Beckmann erfuhr ich die Namen der beiden anderen Studiogäste: Guildo Horn und Jürgen Möllemann. Möllemann war der erste Interviewpartner und ich sollte als zweiter dazukommen. Die beiden Medienprofis, die ich kurz vor der Sendung kennenlernte, bemerkten meine Aufregung. Möllemann beruhigte mich: »Soll ich dir was verraten? Ich bin noch immer vor jedem Fernsehauftritt nervös. Du machst das schon!«, sagte er und drückte meine Hand. Hinter den Kulissen konnte ich das erste Interview verfolgen und fragte mich die ganze Zeit: Wo, zum Teufel, hat der Möllemann seine Nervosität denn hingepackt? Er wirkte total entspannt, gab schlagfertige Antworten und brachte mit lustigen Anmerkungen das Publikum zum Lachen.

Dann war es so weit. Ein Mitarbeiter verkabelte mich mit dem Mikro und einem kleinen Sender, den ich in den Hosengürtel klemmte. Bevor ich mich versah, saß ich neben Jürgen Möllemann. Er klopfte mir auf die Schenkel und lächelte mir aufmunternd zu.

Mein erster großer Fernsehauftritt! Reinhold Beckmann konnte den Zuschauern sehr gut vermitteln, dass ich nicht nur zum Spaß ein bisschen Sport treibe, sondern zu den besten Triathleten der Welt zähle. Guildo Horn mischte als dritter Gast die Sendung noch einmal so richtig auf. Zum Abschluss sollten wir gemeinsam ein Lied singen. Aber Möllemann machte einen besseren Vorschlag: »Guildo Horn springt mit mir mit dem Fallschirm ab, Andreas Niedrig mit dem Tandem-Master, und wenn wir unten gelandet sind, singen wir zusammen!« Damals konnte keiner ahnen, auf welch tragische Weise Jürgen Möllemann kurze Zeit später aus dem Leben scheiden sollte.

Nach der Sendung atmete ich erleichtert auf. Mein T-Shirt war am Rücken total durchgeschwitzt. Mit Jürgen Möllemann und Guildo Horn wechselte ich noch einige Worte über mein Leben. »Du musst mit dieser Geschichte in die Schulen gehen!«, legte mir Möllemann ans Herz.

»Mein Chauffeur« fuhr mich wieder ins Hotel zurück. Ich rief Sabine an und wollte unbedingt wissen, wie ich auf sie gewirkt habe. Wir telefonierten wie immer sehr lange, aber irgendwann hatte ich Hunger.

Sabine lachte. »Du bist im Kempinski. Greif zum Hörer. Bestell dir doch was!«

Wir unterbrachen kurz unser Gespräch, bis ich telefonisch ein Essen geordert hatte. Dann rief ich Sabine wieder zurück und gab ein wenig damit an, dass man mir das Essen im Zimmer servieren würde.

»Was hast du dir denn bestellt?«

»Einen Hamburger und eine Pizza!«

Sabine lachte lautstark los.

»Hast du sie noch alle? So viel leckere Sachen gibt es da. Und was bestellt sich mein Mann? Hamburger und Pizza? Ich fass es nicht!«

Am nächsten Morgen fuhr ich mit dem ersten Zug nach Hause. Fünf Uhr. Hamburger Hauptbahnhof. Ich kannte die Gegend um St. Georg von meinen Einkaufsfahrten in der Hamburger Drogenszene und wäre fast über einen Junkie gestolpert. Er lag offensichtlich hilflos mitten auf dem Gehweg. Und wieder tauchten die alten Bilder auf. Ich erinnerte mich an die Zeit, als ich zum Abschaum der Menschheit gehört hatte. Da es selbstverständlich ist, den Dreck auf der Straße liegen zu lassen, kümmert sich niemand um diese traurigen Gestalten. Und ich selbst könnte eine von ihnen sein. In dem Moment wurde mir wieder bewusst, wie dankbar ich dem lieben Gott sein muss, dass er mir eine zweite Chance gegeben hat.

Ich bat zwei Polizisten, sich um den Junkie zu kümmern. Sie antworteten nur kurz: »Gleich kommt jemand vom Roten Kreuz!« Dann gingen sie weiter, ohne noch einen einzigen Blick auf ihn zu werfen. HILOPE nennt man diese Personen im Polizeijargon, den ich ja von meinem Vater ein wenig kenne: hilflose Person. Aber die Freunde und Helfer dachten nicht im Traum daran, dem Junkie zu helfen. Sie wollten sich nicht die Finger schmutzig machen. Es wäre ihnen vermutlich egal gewesen, wenn er krepiert wäre. Wenigstens einer weniger, der Ärger macht!

Eine wahnsinnige Wut stieg in mir auf. Dennoch gab ich mich mit dem Verweis auf das Rote Kreuz zufrieden. Weil ich meinen Zug nicht verpassen wollte? Aber war es wirklich nur das? War es nicht eher meine Hilflosigkeit oder Angst vor der Erinnerung? Ich hätte am liebsten laut geschrien. Die Therapeuten hatten mir versprochen, irgendwann würden diese grauenhaften Bilder verschwinden. Sie hatten sich geirrt. Ein einziger Augenblick, ein Anblick genügt, um gedanklich wieder an den Punkt meines Lebens zurückgebeamt zu werden, an den ich nie mehr zurückkehren möchte.

Nach der ersten TV-Show ist nichts mehr wie davor

Auf der Rückreise von Hamburg machte ich mir keine Gedanken über die Folgen meines Interviews und wollte wieder in Ruhe trainieren. Aber ich fand sie nicht mehr, meine Ruhe. In den nächsten Tagen erreichten mich über dreihundert Anfragen von Schulen, Jugendverbänden, Sportvereinen, Ausbildungsbetrieben, Justizvollzugsanstalten, Therapieeinrichtungen. Überall sollte ich meine Geschichte vortragen. Fernseh- und Hörfunkredakteure luden mich als Talk-Gast ein, wollten in Reportagen und Homestorys über mich berichten und zahlreiche Zeitungen baten mich um Interviews.

Ich hetzte von einem Termin zum nächsten. Wie sehr ich mich damit überforderte, bemerkte ich erst später. Und es kristallisierte sich immer mehr heraus: Die meisten interessierten sich mehr für meine Fixer-, weniger für meine Sportkarriere. Aber ich war früher Junkie und bin heute Sportler. Das sollte niemand vergessen.

Der SWR beleuchtete in einer Reportage meine beiden Leben und begleitete Jörg Schmitt-Kilian bei einem Schulprojekt. Drehteams von RTL, VOX, SAT.1, PRO7, SWR1 und EUROSPORT filmten mich beim Training. Letzter Drehtag sollte der Wettkampf in Roth sein.

Ach ja, Roth. Durch die vielen Medientermine hätte ich fast mein sportliches Ziel aus den Augen verloren: den Ironman am 9. Juli. Es hatten sich 2500 Triathletinnen und Triathleten aus 43 Ländern angemeldet und es würde wieder ein spannender Tag werden. In der Presseerklärung stand:

Deutschlands starkes Triathlon-Sextett Thomas Hellriegel, Lothar Leder, Rainer Müller-Hörner, Andreas Niedrig, Norman Stadler und Jürgen Zäck trifft bei der 13. Auflage des IRONMAN in Roth am 9. Juli auf den Hawaii-Dritten, den Amerikaner Tim de Boom, und den Hawaii-Vierten, den Schweizer Christoph Mauch ...

... Jeder der Top-Starter hat gute Gründe, ein erstklassiges Rennen abzuliefern. Jürgen Zäck will noch einmal gewinnen und dabei möglichst eine neue Weltbestzeit aufstellen, die mit einer Prämie von 300 000 DM versilbert wird.

Der Wettkampftag lief gut. Ich stieg als Zweiter aus dem Wasser – und an die Kameras hatte ich mich zwischenzeitlich gewöhnt. In der Wechselzone schwangen sich etliche Konkurrenten vor mir auf ihre Räder. Jetzt durfte ich nicht den Anschluss verlieren.

In diesem Jahr wollte ich erst recht allen beweisen, dass ich ein Weltklasse-Athlet bin, und erzielte nach einem spannenden Wettkampf den 3. Platz und war superglücklich. In diesem Jahr war alles ein wenig anders als sonst. In der Pressekonferenz wurde auf die Autogrammstunde an unserem Buchstand hingewiesen und im Zelt herrschte reger Andrang.

Neben der Vertriebschefin Martina Deißner war auch der Geschäftsführer des Kreuz-Verlags anwesend. Ich signierte meine Biografie und die Exemplare gingen weg wie warme Semmeln. Jörg Schmitt-Kilian war mit Frau und Kindern angereist. Auf den Gipsarm seines jüngsten Sohnes Thomas schrieb ich überschwänglich: »Was ein Tag!«

Ja wirklich, was für ein Tag! Wäre dieser Tag noch zu toppen? Was würde mich noch alles erwarten?

VI

Vom Medienstar zum »Junkie der Nation«

Nicht meine Welt

> »*Meine Geschichte ist noch nicht zu Ende,*
> *sie hat gerade erst begonnen!*«

Nach Roth lief sportlich nicht mehr viel. Ich wurde zwar wieder Erster auf Mallorca, aber es war schwierig, zwischen Medienterminen und weiteren Verpflichtungen meine Trainingsstunden zu absolvieren. Als Triathlet konnte ich das Jahr abhaken. Ich hetzte von einem Fernsehauftritt zum anderen und die Reporter der schreibenden Zunft gaben sich bei uns zu Hause die Türklinke in die Hand. Ich war nicht mehr als Triathlet interessant, sondern von heute auf morgen ein TV-bekannter Junkie, der »Vorzeigefixer der Nation«, geworden. An alle Talksendungen, Reportagen und Artikel kann ich mich nicht mehr erinnern und hatte auch nicht alle Fernsehsendungen aufgezeichnet bzw. Zeitungsartikel gesammelt.

Am 10. Juli strahlte RTL in »Spiegel-TV« die Reportage »Andreas Niedrigs schwerster Kampf« aus. Meine Schwester Conny zeigte verblasste Fotos aus glücklichen Kindertagen und erinnerte sich an meine Junkiezeit:

> Ich war betroffen, erschrocken, dass wir das alle nicht bemerkt hatten, ich hatte ein schlechtes Gewissen ...
>
> ... es gab Zeiten, da habe ich geweint, weil ich nicht wusste, was aus ihm wird.

Brigitte Reuter-Markowsky von der Fachklinik Holthauser Mühle sagte:

> Andreas war hier auch ein Mensch von Extremen. Die Stimmung bei unseren Patienten ist oft sehr wechselhaft und bei Andreas war es schon sehr extrem ...
>
> ... Er war entweder sehr depressiv; hat sich nichts zugetraut oder erlebte eben einen Höhenflug, wo man meint, man kann alles. Und dass er zu Extremen neigt und dass er sich im Leben nie auf einer Mittellinie bewegt, das war schon klar.

In der August-Ausgabe berichtete der »Triathlet« in der Cover-Story »Das Outing und die Folgen« über die Zeit nach der Veröffentlichung meiner Biografie. »Die Zeit« widmete mir am 14. September eine Sonderseite unter dem Titel »Ich habe einen Traum«.

Am 15. September strahlte der WDR die Talksendung »B. trifft« aus. Als zweiter Gesprächspartner war Diana Beate Hellmann eingeladen. Sie hatte ein Buch über den Weg aus ihrer Alkoholerkrankung geschrieben. Diese Begegnung ist mir in sehr positiver Erinnerung geblieben, denn Bettina Böttinger moderierte sehr einfühlsam unsere Wege aus der Sucht.

Am 26. September lief im SWR die Reportage »Mensch Alltag« mit dem Untertitel »Der Eisenmann – eine unglaubliche Geschichte«. »Ich habe gedacht, den siehst du nicht mehr lebend wieder!«, erinnerte sich Conny an die Zeit, als sie mich im Krankenhaus besucht hatte. Mein Vater beschrieb die Geschehnisse aus seiner Perspektive und das Kamerateam hatte meinen Autor zu einer Buchvorstellung nach Koblenz begleitet. So entstand eine Reportage, die meine Erlebnisse aus verschiedenen Blickwinkeln, aber auch die Möglichkeiten im suchtpräventiven Bereich beleuchtete.

Obwohl ich durch den Sport oft im Rampenlicht stand und beim Zieleinlauf von mehreren Tausend Menschen bejubelt wurde, tat sich hier vor mir doch eine ganz andere

Welt auf. Auf diesem Parkett fühlte ich mich nicht so sicher wie in meiner Wettkampfkleidung. Ich wurde zu Medienpartys eingeladen und »auf dem roten Teppich« vom Blitzlichtgewitter überrascht. Sabine und ich lernten viele prominente Persönlichkeiten aus Film und Fernsehen, Politik und Wirtschaft, Medien und Sport hautnah kennen; unter anderem Jörg Kachelmann, Mary Roos, Werner Höfer. Mit Eddie Merx war ich bei der Tour de France zu einer Fernsehsendung eingeladen. Aber wir fühlten uns fehl am Platz. Das war nicht unsere Welt.

Und trotz (oder gerade wegen?) des Medienrummels um meine Person geschah etwas, womit ich niemals gerechnet hätte.

Ein Sportler ohne Sponsor ist wie ein Fisch ohne Wasser

Die wichtigsten Sponsoren kündigten mir die Verträge exakt zu dem Zeitpunkt, als ich im Mittelpunkt des Medieninteresses stand. Warum? Weil die meisten Medien meine Junkie-Geschichte nach dem Klischee »Christiane F. – Wir Kinder vom Bahnhof Zoo« in den Vordergrund rückten. Erst viel später wurde mir bewusst, warum sich die Sponsoren zurückgezogen hatten. Man muss sich das so vorstellen: Ich sitze als bekannter Sportler und Repräsentant meines Geldgebers in einem Fernsehstudio und trage ein Hemd mit seinem Logo. Vor meinem Interview wird ein Junkie gezeigt, der sich auf einer schmutzigen Bahnhofstoilette eine Spritze setzt. Nahaufnahme von vernarbten Unterarmen und mutlosen, verzweifelten Gesichtern. Szenenwechsel, bei dem der geschockte Zuschauer auf dem Bildschirm den Namen der Sponsoren von meinem Hemd ablesen kann. Auf den ersten Blick keine positive Imagepflege ...

Plötzlich war ich auch für die Sponsoren nicht mehr der Weltspitzensportler, sondern nur noch der Junkie. Immer seltener konnte mein Autor den Fokus auf das Konzept hinter meiner Geschichte lenken und kaum ein Medienvertreter war an dem suchtpräventiven Ansatz interessiert. Suchtprävention? Nicht spektakulär genug für eine Headline!

Jetzt musste ich mit dem Fixer-Image leben. Unter diesem Druck wurde es immer schwieriger, weiterzutrainieren. Zwar fragten weiterhin Medien an, aber ich hatte nach diesem Rummel eine regelrechte Abneigung gegen meine Geschichte und das Buch entwickelt. Es lag nicht an der Geschichte selbst, auch nicht am Buch. Sondern an dem, was die Medien daraus gemacht hatten, beziehungsweise, was ich daraus habe machen lassen. Ich wollte einfach nicht mehr erzählen, wie ich in der Gosse gelegen und kriminell geworden bin, und sagte alle Anfragen ab.

In dieser Zeit besuchte ich aber viele Schulen, denn die Begegnungen mit Jugendlichen machten mir sehr viel Spaß. Ich erkannte die große Chance, jungen Menschen zu zeigen, wie man Lebensträume auch in schwierigen Situationen verwirklichen kann. Dabei befand ich mich selbst in einer schwierigen Situation, denn mein Traum von einem professionellen Training war durch den Rückzug der finanzstärksten Sponsoren zerstort worden.

Durch Zufall erfuhr ich, dass die seit 125 Jahren im Privatbesitz befindliche Firma Kohler Company in Oer-Erkenschwick ihren Sitz hat. Dieses Unternehmen ist weltweit der drittgrößte Hersteller von Sanitärprodukten und strebte – wie ich – eine weltweite Spitzenposition an. Das wäre doch ein guter Partner, dachte ich: Kohler und ich. Wir wollen beide die Nummer eins in der Welt werden. Ich vereinbarte einen Termin mit dem Geschäftsführer, überreichte ihm meine Mappe und nannte ihm die Summe, die ich benötigte, um mich professionell auf internationale Wettkämpfe vorbereiten zu können.

Bei der Verabschiedung versicherte er mir, er würde sich in jedem Fall melden. Sich melden! Das kannte ich. Dieses Versprechen hatte ich zu oft gehört und selten wurde es eingehalten. Ich war skeptisch. Aber schon ein paar Stunden später erhielt ich die Zusage für einen Sponsoringvertrag.

Von jetzt auf gleich war ich wieder am Ziel meiner Träume! Nun hatte ich erneut die Chance, mich auf das zu konzentrieren, was mir am meisten Spaß machte: Kohler Company ermöglichte mir ein professionelles Training. Nach der Zusage kündigte ich mit einem lachenden und einem weinenden Auge bei der Firma Lückenotto. Dort hatte ich ja noch halbtags gearbeitet. Wie sehr Thomas Lückenotto mich unterstützt hat, werde ich ihm niemals vergessen. Ohne einen so großzügigen Arbeitgeber wäre vieles nicht möglich gewesen.

Die Saison 2001 sollte eine besondere werden, denn ich konnte mir ein Wintertraining im Süden erlauben. In den Weihnachtsferien flog ich mit Sabine und den Kindern nach Spanien in die Nähe von Málaga. Sabines Cousine hat dort ein Feriendomizil in einem Städtchen am Meer. Ich trainierte bis zu sechs Stunden täglich. In der trainingsfreien Zeit besichtigten wir viele Städte: Málaga, Gibraltar und weniger bekannte schöne Flecken. Wir wollten das Land und seine Sehenswürdigkeiten kennenlernen. Es machte Spaß, gemeinsam auf Entdeckungsreise zu gehen und mit den Kindern am Strand Sonnenstrahlen im Winter zu genießen.

2001: Zweiter in Roth

Nach den erholsamen Tagen in Andalusien flog ich alleine nach Lanzarote. Dort quartierte ich mich im Club La Santa ein. Diese Anlage bietet alles, was das Sportlerherz begehrt: Stadion, Kraftraum, Schwimmbad. In diesem Club verbringt man keinen normalen Erholungsurlaub. Hier beginnt man früh am Morgen mit dem Training und geht zeitig ins Bett, um wieder fit für den nachsten Tag zu sein.

Thomas Hellriegel, Stefan Holzner und andere bekannte Triathleten wohnten ebenfalls dort und ich schloss mich ihnen an. Dabei wurde mir schnell bewusst, wie schwer es ist, sich als Neuling in eine eingeschworene Gruppe zu integrieren. Meine Trainingspartner hatten sich dort schon oft auf Wettkämpfe vorbereitet. Ich wollte – wie alle Neulinge – den anderen zeigen, was in mir steckt, und übernahm beim Radfahren immer die Spitzenposition. In meinem Eifer bemerkte ich zunächst nicht, dass die Gruppe heimlich einen Plan aushalte. Sie wollten mir zeigen, wo der Hammer hängt.

Als wir uns der starken Steigung Müllberg näherten, fuhr ich weiter vorneweg gegen den Wind. Kurz vor der Anhöhe verließen mich meine Kräfte. Die Gruppe überholte mich mit wesentlich höherer Geschwindigkeit. Meine Beine brannten. Ich hatte keine Kraft mehr aufzuschließen. Der Abstand wurde immer größer, aber oben würden sie bestimmt auf mich warten. Und tatsächlich: Vor der Kuppe standen sie.

Doch bevor ich den Gipfelpunkt erreichte, fuhren sie wieder los und rasten wie die Wahnsinnigen bergab. Als ich im Club La Santa ankam, war das Spielchen schon Gesprächsthema. In einem Trainingslager hat man an solchen Geschichten immer Spaß. Aber das war für mich kein Problem. Ich würde es den Jungs schon noch zeigen! Mir fiel es eher schwer, dass ich zwei Wochen von meiner Familie getrennt war. Aber ohne Sabine und die Kinder konnte ich mich wesentlich besser auf mein Training konzentrieren. So rückte der legendäre Wettkampf in Roth immer näher. Die einen wurden noch als die »Helden vom Müllberg« gefeiert, während ich davon unbeeindruckt intensiv für meinen großen Tag trainierte.

Am 1. Februar war ich Gast beim SWR in der Talksendung »Ein Leben im Rausch«. Die Redakteure Kristin Roth und Jo Früh hatten als weitere Gesprächspartner Verena Kast, Psychologin und Autorin, Santrra Oxyd, Sängerin und Hauptdarstellerin in dem Dokumentarfilm »Jenseits von Tibet«, die Chinesin Mun-Ju Kim, Initiatorin der Kampagne »Kim will kiffen«, und den Sänger und Songschreiber Gunter Gabriel eingeladen. Gemeinsam diskutierten wir über die Grenzgänge zwischen Betäubung, Genuss und Klarheit. Obwohl schon fast alle Medien über meine Story berichtet hatten, war das Interesse am »Junkie der Nation« unvermindert groß.

Am 13. April strahlte die ARD die Reportage »Im Schatten der Sucht« aus. Meine Therapeutin Inge Eckhardt wurde befragt, wie sie mich in der Therapie erlebt hatte.

> Sucht ist Suchen. Jemand, der sucht, hat eine bestimmte Leere in sich. Wenn jemand anfängt, das zu ersetzen durch Alkohol, Drogen oder durch Spielen, heißt das, dass etwas fehlt. Mein Gefühl ist, dass sein Vater eine Menge für Andreas wollte, aber Andreas dabei nicht gesehen hat, also die Bedürfnisse des Jungen. Andreas ist geschwommen, obwohl er lieber gespielt hätte oder wenn er traurig war oder zu müde. Und er ist geschwommen, weil sein Vater sich gefreut hat. Aber das war nicht das, was Andreas wirklich gebraucht hätte.

In der Reportage wurde auch mein Freund, der triathlonbegeisterte Rechtsanwalt Peter Smeets, interviewt. Peter hatte für mich nach potenziellen Sponsoren gesucht. In der Sendung erklärte er, warum sich diese Suche so schwierig gestaltete. Obgleich ich eine unglaubliche Erfolgsstory aufweisen konnte, seien viele Unternehmen besorgt, ob nicht noch weitere Details meines Lebens bekannt würden. Und in diesem Fall befürchteten sie negative Publicity für ihr Produkt.

Danach war ich Talkgast in der Sendung »Dolce Vita« im ZDF mit Luzia Braun. Es ging um die Thematik der Stunde null – der Neubeginn. Als Gast war neben anderen auch die ehemalige Kanzlergattin Hiltrud Schröder eingeladen.

Ich trainierte weiter und drei Tage vor dem Wettkampf fuhr ich mit Sabine und den Kindern nach Roth. Wir wohnten wie immer bei Àstrid Grella. Auch diesen Kontakt hatte mein Vater schon vor Jahren hergestellt. Er hatte bei dem Dienststellenleiter in Roth von Polizist zu Polizist angefragt, ob er eine Unterkunft für uns wüsste. Herr Grella verwies uns an seine Tochter.

Mit den Jahren ist eine tiefe Freundschaft zwischen uns entstanden. Wir erlebten gemeinsam, wie die Kinder groß wurden, und wohnen bis heute in der Triathlonzeit in Roth bei Astrid und Udo, deren Gastfreundlichkeit uns immer wieder überwältigt.

Drei Tage vor dem Wettkampf fand wie jedes Jahr die Pressekonferenz mit den prominentesten Triathleten statt. Die bekanntesten Deutschen Thomas Hellriegel, Lothar Leder sowie Peter Read, der Weltmeister von Hawaii, und weitere Top-Athleten der Weltelite waren anwesend. Ich war sehr nervös. Das hinderte mich aber nicht daran, den Journalisten selbstbewusst zu erklären, dass ich am Sonntag versuchen würde, das Rennen zu gewinnen. Mir blieb das Schmunzeln von Thomas Hellriegel nicht verborgen. Er erinnerte sich vermutlich an die Spielchen am Müllberg. Ich dachte nur: »Am Sonntag werde ich es euch allen zeigen!«

Am Samstag trainierte ich noch einmal alle Disziplinen. Nun ja, Training wäre übertrieben, angsttherapeutische Bewegung ist eine treffendere Bezeichnung. Morgens lief ich fünfzehn Minuten, schwamm tausend Meter und nach dem Radfahren für den letzten Check fuhr ich in die Wechselzone.

Bei großen Wettkämpfen muss man das Rad am Tag zuvor in der Wechselzone abstellen. Auch die Bekleidung, die man zwischen Radfahren und Laufen wechselt, wird in einem Beutel mit der Startnummer abgegeben. Aber neben der Bekleidung und den Laufschuhen befindet sich auch die eigene Verpflegung darin. Ich habe mir immer einen Laufgürtel umgeschnallt mit zwei Flaschen mit konzentrierten Kohlenhydraten.

Da ich meist als einer der Letzten einchecke, standen die Räder der anderen schon geparkt und warteten darauf, am nächsten Tag mit Höchstgeschwindigkeit über die Radstrecke gejagt zu werden. Die Journalisten fragten wie jedes Jahr, wie ich mich fühle. Ich weiß nie, was ich darauf antworten soll, aber ich versuche immer nett und freundlich zu sein. Danach fuhr ich mit Sabine und den Kindern zu unserer Homestay-Family Grella.

Nun begann das endlose Warten. Ich hatte wie immer das Gefühl, nicht mehr anwesend zu sein. Irgendwie ist es, als würde ein Film ablaufen und ich wäre nur ein außen stehender Betrachter.

Als dann endlich der Wettkampftag anbrach, klingelte um 3:45 Uhr der Wecker. Ich stand auf, schaltete die Kaffeemaschine an und steckte drei helle Brötchen in den Ofen. Dann lief ich zehn Minuten, um wach zu werden. Ich hatte wie üblich in der Nacht kein Auge zugetan.

Vor einem solchen Tag schläft niemand. Egal ob Profi

oder Altersklassenathlet. Man liegt im Bett und versucht, sich alle möglichen Eventualitäten vorzustellen, die am Renntag passieren könnten. Die Gedanken drehen sich im Kreis. Hinzu kommt die Angst vor dem Tag, für den man so hart trainiert hat. Alle Athleten haben die gleichen Gefühle, denn das Wichtigste im Triathlonsport ist und bleibt das »Finishen«, egal wie und wann man durch das Ziel läuft.

Nach dem Laufen stieg mir der Duft des frisch aufgebrühten Kaffees und der Brötchen in die Nase. Beim Ankleiden machte ich noch einige gymnastische Übungen. Eine halbe Stunde später verabschiedete ich mich von Sabine. Es war merkwürdig wie meistens, wenn ich mich vor lauter Nervosität nicht richtig verabschieden kann. Für mich ist diese Situation ein wenig vergleichbar mit der Abschiedsszene eines Soldaten, der in den Krieg zieht und Angst vor dem ungewissen Ausgang hat.

Ich fuhr alleine Richtung Start, denn ich brauche diese Zeit der Ruhe. Dann versank ich tief in einem Gedankentunnel und dachte nur noch an den bevorstehenden Wettkampf. Ich empfand wieder diese positive Anspannung, die nur darauf wartete, losgelassen zu werden.

Es ist immer dasselbe. Man begegnet zahlreichen Zuschauern, die an allen »Stimmungspunkten« warten, um ihre Athleten anzufeuern. Wenn man bedenkt, dass es in Roth unzählige »Stimmungsnester« gibt und wir auf einem Rundkurs von über neunzig Kilometern unterwegs sind, wird deutlich, dass auch die Zuschauer an diesem Tag Höchstleistungen vollbringen, denn die Strecke ist zum größten Teil mit dem Auto nicht erreichbar.

In Hilpoltstein parkte ich mein Auto einen Kilometer vor dem Start. Ich lehnte mich noch einmal zurück und genoss die Ruhe und Einsamkeit. Man muss ja an so viele Sachen denken, und ich fürchte immer, etwas vergessen zu haben. Auf dem Weg Richtung Ziel ging ich über einen der vielen

Zeltplätze, auf dem viele Triathleten übernachten. Ich muss die Tage vor einem Rennen in einem ordentlichen Bett schlafen. Aber das Zelten ist Kult in Roth, denn für über 2000 Starter und deren Verwandte und Freunde bietet die Region um Roth nicht genügend Hotels.

Ich ging über den Platz, nahm aber die Welt um mich herum nicht mehr wahr. Einige der Athleten erkannten mich und wünschten mir viel Glück und den Sieg. Ich wünschte ihnen auch Glück, aber keinen Sieg, denn ich wollte das Rennen ja gewinnen.

Je mehr man sich der Startzone nähert, desto lauter wird die Musik. Bevor ich in die Wechselzone gehe, bleibe ich immer kurz auf der Kanalbrücke stehen. Von hier aus kann man die ganze Wechselzone überschauen. Später werden hier Tausende von Zuschauern stehen und uns mit frenetischen Zurufen anfeuern.

Über zweitausend Räder warteten in der Morgendämmerung auf ihren Einsatz. Neben den meisten standen schon die Triathleten. Auf dem Kanal breitete sich ein leichter Dunst aus und im Hintergrund hörte man Musik. Die ganze tolle Atmosphäre verstärkte die geballte Energie, die die Athleten ausstrahlten. Diese Energie ist so gewaltig, dass mir immer, wenn ich auf der Brücke stehe und alles so intensiv spüre, Tränen in die Augen schießen – und spätestens dann weiß ich wieder, warum ich das alles mache.

Ich ging hinunter zu meinem Rad. Einer der zahlreichen Helfer schrieb mir mit einem dicken schwarzen Edding meine Startnummer auf beide Oberarme. Mal wieder die Nummer 3 ...

Nicht zuletzt die vielen freiwilligen Helfer machen einen solchen Tag erst möglich. Das Verbindende ist: Man wird mit diesen Helfern älter. Der Jugendliche, der dir vor Jahren die Startnummer auf den Arm geschrieben oder an einer Verpflegungsstelle Wasser gereicht hat, hilft dir auch, wenn er erwachsen ist. Und immer das Gleiche: Reifen prüfen und aufpumpen. Flaschen in die Halterungen. Schuhe am Rad befestigen. Helm positionieren. Sonnenbrille hineinlegen. Startnummer an den Lenker hängen. Rad noch mal kurz durchchecken. Und dabei versucht man natürlich, den anderen gegenüber so cool wie möglich zu wirken.

Es regnete in Strömen und wegen der kalten Temperaturen fröstelten einige Athleten. Mir waren diese Bedingungen egal, aber ich wusste, dass Thomas Hellriegel bei schlechtem Wetter keine guten Leistungen bringt. Also, ein Pluspunkt für mich gegen den Müllberg-Sieger! Das hört sich vielleicht negativ an, aber in Wirklichkeit schätze ich Thomas sehr. Er war immer mein Vorbild. Thomas gewann als erster deutscher Triathlet den Ironman Hawaii und ist einer der ehrlichsten Sportler, den ich kenne. Aber ich hatte sein Spielchen auf Lanzarote nicht vergessen und wollte mich in Roth revanchieren.

Wie bei jedem Wettkampf zog ich nach dem Radcheck noch einmal Zugseil. Zugseil ist ein Gummiband, mit dem man seine Oberkörpermuskulatur trainiert, für das Schwimmen aufwärmt und vorbereitet. Ich mache das immer, um beim Schwimmen keine saure Muskulatur zu riskieren. Was leicht passieren kann, wenn man mit kalten Muskeln in schnellen Frequenzen Sport treibt. Dann wird nicht genügend Sauerstoff in die Muskulatur transportiert und man kann nur noch langsam und unter Schmerzen seine Bewegungen vollziehen.

Ich zog meinen Neoprenanzug über die Wettkampfbekleidung. Am Fußgelenk haben alle Athleten einen Zeitchip zur Registrierung. An verschiedenen Punkten des Rennens befinden sich Gummimatten mit Zeitmessgeräten. Damit kontrolliert man, ob auch jeder die gesamte Strecke absolviert – ohne Abkürzung. Leider hatte es Vorkommnisse gegeben, nach denen diese Prüfung eingeführt worden war ...

Der Neoprenanzug schmiegt sich besonders eng an den Hals. Deshalb schmierte ich meine Haut noch mit einer speziellen Creme ein, damit sie nicht aufscheuert. Im Hintergrund ertönte die blecherne Stimme aus dem Lautsprecher: »In zehn Minuten ist Start! Ten minutes to go!«

Ich gehe immer sehr spät ins Wasser. Deshalb musste ich bis in die erste Reihe an allen anderen vorbeischwimmen. Noch eine Minute bis zum Start! Spätestens jetzt wird das Feld nervös. Eine Startlinie scheint es nicht mehr zu geben. Die Athleten treiben immer weiter nach vorne, um sich eine gute Ausgangsposition zu ergattern. Man hört zwar die Stimme des Wettkampfrichters aus den Lautsprechern dröhnen: »Zurück, zurück hinter die Startlinie!« Doch wenn ein Starterfeld sich einmal in Bewegung setzt, kann man es nicht mehr aufhalten. So war es auch in diesem Rennen.

Dann wurde von zehn auf null gezählt. Einige Athleten starteten schon bei fünf. Nach zweihundert Metern war ich bereits mit einem Triathleten aus Russland und Faris Al-Sultan, der 2005 den Ironman auf Hawaii gewann, in der Spitzenposition. Der Russe war ein guter Schwimmer, aber in den anderen Disziplinen nicht besonders leistungsstark. Daher war es mir egal, als sich nach knapp zweieinhalb Kilometern der Abstand vergrößerte. Faris' Leistungspotenzial konnte ich nicht so richtig einschätzen. Ich fühlte mich bärenstark und stieg mit nur zehn Sekunden Rückstand als Zweiter aus dem Wasser.

Ich rannte zum Wechselzelt, zog meinen Neoprenanzug aus und lief zu meinem Rad. Dort macht man die Handgriffe, die man jahrelang eingeübt hat. Startnummernband anlegen. Helm aufsetzen. Dann kommt die Sonnenbrille. Vor dem Rennen putzt man seine Oakley, denn es muss eine Oakley sein, damit man keine Streifen auf dem Glas sieht. Nach knapp zehn Kilometern hatte ich den Ersten eingeholt und führte das Rennen der weltbesten Triathleten an.

Ich wusste aber, dass die andern Top-Starter bald aufholen würden. In meinem Kopf tanzten viele Gedanken und ich stellte mir wieder Situationen vor, die gleich eintreten könnten. Was mache ich, wenn Thomas Hellriegel mit Stefan Holzner in diesem Triathlonzirkus an mir vorbeifahren? Soll ich versuchen mitzuhalten oder mache ich mich damit kaputt? Der amtierende Weltmeister Peter Read wird mich sicherlich gleich überholen. Und wie ist Cameron Brown heute drauf?

Aber dann lief alles ganz anders. Lothar Leder kam als Einziger an mich heran und beim Überholen schrie er: »Komm, wir zeigen es den anderen! Heute machen wir sie alle platt! Lass uns Gas geben!« Lothar ist bekannt dafür, dass er gerne Koalitionen eingeht, um für sich das Beste herauszuholen. Das ist legitim und durchaus professionell.

Es regnete immer noch und der Wind blies kräftig. Wir konnten Minute für Minute gutmachen, obwohl wir im erlaubten Bereich fuhren. Es ist untersagt, im Windschatten eines anderen zu fahren; man muss einen Mindestabstand von zehn Metern zu seinen Konkurrenten einhalten. Das wird von Wettkampfrichtern auf Motorrädern kontrolliert. Hält man diesen Bereich nicht ein, wird die erste Mahnung ausgesprochen. Beim zweiten Mal bekommt man eine Gelbe Karte. Man muss nach dem Radfahren eine Zeitstrafe in einer abgetrennten Zone absitzen. Beim wiederholten Fahren im Windschatten gibt es die Rote Karte und man wird disqualifiziert.

Nach der ersten Runde rief uns der Betreuer von Thomas Hellriegel an einem Berg zu: »Ihr habt schon über zehn Minuten Vorsprung!« Ich dachte an die Müllberg-Geschichte, die der Trainer natürlich auch kannte, und rief zurück: »Gleich sind es zwanzig Minuten!« Es lief bei Lothar und mir einfach rund. Es machte Spaß und wir feuerten uns gegenseitig an. Bei Kilometer 160 hatte Lothar kein Gel mehr und bekam Probleme mit seinem Energiehaushalt. Er bat mich um meins und ich zögerte keine einzige Sekunde.

Wir vereinbarten, nach dem Laufwechsel auf die Toilette zu gehen, gemeinsam zu starten und dann sollte der Beste gewinnen. In der Wechselzone erfuhr ich, dass Peter Read aus dem Rennen war und nur noch Cameron Brown wirklich eine Chance hatte, mich einzukriegen. Aber Lothar hielt sich nicht an unsere Abmachung, sondern rannte, für mich vollkommen überraschend, direkt zur Wechselzone. Wir hatten über achtzehn Minuten Vorsprung zu den Verfolgern.

So lief ich los und freute mich riesig über meinen Erfolg – 42,195 km lang. Nach Kilometer 17 sah ich Cameron Brown und wusste, dass er keine Zeit auf mich gutmachte. Mein Gott, ich wurde Zweiter auf meiner Hausstrecke in Roth! Jeden einzelnen Kilometer genoss ich. Ich bedankte mich bei den Zuschauern und klatschte ihre Hände ab. Alle Verkrampfungen, die man normalerweise beim Laufen bekommt, blieben aus. Lothar konnte ich nicht mehr einholen.

Ich war zufrieden und nur das zählte. Die letzten zwei Kilometer meines Zieleinlaufs freute ich mich schon auf mein erstes Bier. Da man während des Rennens die ganze Zeit über nur dieses süße Zeug zu sich nimmt, denkt man irgendwann nur noch an einen Hamburger und ein kühles Bier.

Auf der Zielgeraden bildeten viele tausend Menschen eine kleine Gasse. Es ist dort so eng, dass man nur durch ein schmales Spalier laufen kann. Alle schreien und jubeln. Im Zielkanal begleiteten mich Kinder mit großen Luftballons. Ich ging langsam ins Ziel und freute mich, als ich Sabine und meine Kinder in den Arm nehmen konnte.

In der anschließenden Pressekonferenz meinte Lothar, er sei alt genug, um alleine auf die Toilette zu gehen. Auf den krummen Deal mit ihm hätte ich mich nicht einlassen dürfen, denn dadurch konnte Lothar triumphieren. Ich fragte mich, ob mein Traum von einem Sieg in Roth wahr geworden wäre, wenn ich ihm das Gel nicht gegeben hätte. Aber ich hätte einen solchen Triumph nicht genießen können. Andere Athleten sagten, mein Verhalten sei unprofessionell gewesen und Lothar hätte mir an meiner Stelle sicherlich mit keinem Gel ausgeholfen.

Jemand hat mal über mich gesagt: Andreas Niedrig ist gern der lächelnde Dritte, der glücklich und zufrieden dem Ersten ehrlich gratuliert. Das stimmt irgendwie. Ich hätte mein Ziel fast erreicht und war nicht traurig, dass ich es nicht geschafft habe. Ich hatte auch so meinen Spaß.

Ich werde immer gefragt, wie man sich nach so einem Rennen fühlt. Ich kann nur sagen: einfach nur glücklich und zufrieden. Was für ein Tag! Acht Stunden Quälerei und doch hat es einfach nur Spaß gemacht!

Wer glaubt, dass man nach solchen Strapazen seine wohlverdiente Ruhe bekommt, der täuscht sich. Zuerst gibt man Interviews. Dann muss man zur Dopingkontrolle und danach ins Sanitätszelt, um die verlorene Flüssigkeit auszugleichen. Im Anschluss daran ist die offizielle Pressekonferenz. Danach könnte man duschen und relaxen. Doch zuvor muss man ja noch sein Rad aus der Wechselzone holen und die zwölf Kilometer auf dem Rad zum Auto zurücklegen. Auf diesem Weg muss man mindestens hundert Autogramme schreiben und darf Glückwünsche entgegennehmen.

Vier Stunden nach dem Rennen sitzt man vielleicht das erste Mal auf einem Stuhl. Dann klingelt immer wieder das Telefon. Die Presseleute aus meiner Heimat möchten auch ein Interview. Meine Familie kommt in dieser ganzen Zeit immer zu kurz. Sie war den ganzen Tag damit beschäftigt, von Punkt A nach Punkt B zu gelangen, und ist nach dem Rennen auch total erledigt. Mit einem kleinen Unterschied:

Ich habe so viel Adrenalin im Körper, dass die Müdigkeit erst viel später einsetzt.

Frisch geduscht fährt man zum Ziel, um dem letzten Finisher die Ehre zu erweisen. Erst wenn dieser die Ziellinie durchläuft, wird das Feuerwerk entfacht und der Letzte wird genauso bejubelt wie der Erste. Das ist das Besondere beim Triathlon. Eine Zusammengehörigkeit und Atmosphäre, die man einfach erlebt haben muss. Abends geht man gemeinsam mit allen Triathleten und Fans zur Finishline-Party.

Danach versucht man zu schlafen. Aber nach so einem Tag ist daran nicht zu denken. Wenn man im Bett liegt, spürt man zwar die Müdigkeit, aber auch die Schmerzen. Am Morgen nach dem Rennen geht nichts mehr. Laufen ist eine absolute Qual. Geschlossene Schuhe kann man wegen der Blasen, die man sich zugezogen hat, nicht mehr anziehen. Und man hat solche Schmerzen im Oberschenkel, dass man Treppen nur noch rückwärts runterlaufen kann.

Wenn man die ersten drei Tage überstanden hat, lebt man noch etwa zwei Wochen von den Eindrücken und dem Gefühl, etwas Großes geleistet zu haben. Die Muskulatur erholt sich langsam; man braucht nach einem Wettkampf zwischen drei Wochen und zwei Monaten, um sich komplett zu regenerieren. Man fühlt sich zwar besser und meint, man könnte wieder mit dem Training beginnen. Aber man ermüdet sehr schnell und kann keine volle Leistung mehr bringen.

Das Schlimmste ist das psychische Loch, in das ich nach etwa zwei Wochen falle. Wenn man über acht Stunden Höchstleistungen bringt, muss man sich auch psychisch immer wieder in den Hintern treten. Ich glaube, dass ein Burnout mit diesem Erschöpfungszustand vergleichbar ist. Man spürt eine starke Antriebslosigkeit und hat keinerlei Motivation mehr, sich fürs nächste Rennen vorzubereiten. Der Alltag plätschert so dahin, und es ist schwer, sich einzugestehen, dass man eine Auszeit braucht.

Wir Triathleten beginnen meist zu früh mit dem Training, weil wir glauben, dass es uns dann wieder besser ginge. In dieser Zeit sollte man dem Körper seine wohlverdiente Ruhe gönnen und zu sich selbst finden. Durchaus auch mal wieder ein paar Kilo zunehmen. Vor einem Ironman-Rennen versucht man wieder, das Gewicht zu reduzieren, ohne dabei seine Kraft zu verlieren. All dies bedeutet: diszipliniert leben und essen. Was man nach einem Wettkampf dann wieder für eine gewisse Zeit bleiben lassen sollte.

Ich brauche vier bis sechs Wochen Pause nach so einem Rennen. Was nicht bedeutet, dass ich gar nicht mehr trainiere. Ich mache dann allerdings nur 20 bis 30 Prozent der üblichen Trainingseinheiten.

Nach dem Wettkampf beginnt eine verdammt harte Zeit und ich bin für meine Familie in dieser Phase unberechenbar. Mein Gemütszustand wechselt häufig. Mal bin ich gut, mal schlecht gelaunt. Ich möchte nicht mit mir verheiratet sein. Das meine ich ernst. Denn ich bin ganz schön anstrengend.

11. 9. 2001 – kein Tag wie jeder andere

Manchmal kommt es mir vor, als wäre es erst gestern gewesen. Das nächste Training für Hawaii sollte auf Mallorca stattfinden. Da Sabine am 10. September ihren Geburtstag feierte, buchte ich meinen Flug erst für den 11. des Monats. Der 11. September 2001 – ein Datum, das sich auf immer und ewig nicht nur in mein Gedächtnis eingebrannt hat.

Abflugzeit: 5:00 Uhr morgens. Ich fliege immer in den frühen Morgenstunden, um bereits den ersten Tag optimal nutzen zu können. Nach der Landung fuhr ich ins Hotel, baute mein Rad zusammen und begann mit dem Training. Als ich ins Hotel zurückkehrte, spürte ich diese merkwürdige Stimmung. Eisiges Schweigen, traurige Gesichter, kein gastfreundliches Lächeln. »Was ist passiert?«, fragte ich an der Rezeption. Eine brüchige Stimme sagte: »In Amerika brennt es!«

In meinem Zimmer schaltete ich sofort den Fernseher ein. Voller Entsetzen blickte ich auf das brennende World Trade Center. Ich war wie gelähmt und konnte nicht glauben, was ich da sah. Das konnte doch nicht wahr sein? Es war alles so unwirklich.

Ich rief sofort Sabine an und wollte auf der Stelle zurück nach Hause. Ängste stiegen in mir hoch. Wird es jetzt Krieg geben? Würde ich einen Rückflug bekommen? Ich telefonierte mit meinem Freund Hannes Blaschke. Er organisiert für uns Triathleten die Reisen nach Hawaii und zu anderen Ironman-Veranstaltungen. Ich konnte doch nicht schon einen Monat nach dieser Katastrophe an einem Wettkampf teilnehmen und wollte deswegen absagen. Aber Hannes machte mir klar, dass die Erde sich weiterdreht und ich mich durch die schrecklichen Attentate der Terroristen nicht in meinen Entscheidungen beeinflussen lassen dürfte.

So nahm ich mein Training wieder auf, aber ich konnte mich nicht darauf konzentrieren. Nach dem Trainingslager flog ich für ein paar Tage nach Hause und eine Woche später nach Hawaii. Die Sicherheitsvorkehrungen im internationalen Luftverkehr waren verschärft worden. Wir hatten zum ersten Mal Schwierigkeiten beim Einchecken der Räder.

In Hawaii war die Stimmung natürlich bedrückt, anders als in den Jahren zuvor. Trotz der schlechten Vorbereitung fühlte ich mich relativ fit. Ich war froh, dass mein Freund Gerhardt Kaitmann mich begleitete. Für mich ist es wichtig, vertraute Menschen um mich herum zu haben, die mir das Gefühl geben, nicht allein zu sein. Meine besten Ergebnisse erreichte ich immer, wenn meine Familie mich begleitete.

In Hawaii ist der Wettkampf wegen des Klimas ein wenig anstrengender. Viele Europäer kommen mit der Hitze nicht klar. Man hat das Gefühl, es würde ständig jemand mit einem Heißluftföhn hinter einem herrennen. Auch die Schwimm-Disziplin ist anders, denn man taucht ohne Neoprenanzug in den Pazifik ein. Der ständige Wellengang und das Salzwasser bieten andere Wettkampfbedingungen als der friedliche Kanal von Roth.

Für das Schwimmen muss man sich gut vorbereiten und auf Hawaii ist die Vorbereitung Kult. Fast alle Top-Athleten rasieren vor dem Rennen ihre Körperbehaarung, damit sie schneller sind. Geiler Nebeneffekt: Ohne Körperbehaarung hast du ein super cooles Gefühl im Wasser. Man trägt ein Schwimmtrikot, das einem weiblichen Badeanzug ähnelt. Es verschafft einem Auftrieb und erleichtert die Bewegungen. Alle Körperteile, die im Wasser in Verbindung mit dem

Salzwasser scheuern könnten, werden mit Vaseline eingeschmiert. Es gibt nichts Schlimmeres als offene Körperstellen, die von der Sonne verbrannt werden.

Eine Woche vor dem Rennen trainieren die meisten Athleten jeden Morgen im Meer. Sie treffen sich genau zu der Uhrzeit, zu der auch der Wettkampf beginnt. Sie wollen sich an die Wellen gewöhnen, schauen hinaus aufs Meer und versuchen in ihrem Rhythmus dahinzugleiten. Es ist eine Art Meditation und ein ständiges Bemühen, nicht gegen das Meer, sondern mit ihm zu schwimmen, im optimalen Fall sogar mit dem Wasser eins zu werden.

Das gemeinsame Schwimmtraining hat einen weiteren Grund: Man will die anderen Athleten sehen und zeigen, wie gut man selbst durchtrainiert ist. Show-down! Cool wirken und Coolness demonstrieren, heißt die Devise. Aber innerlich tobt die Angst bei der Vorbereitung auf das meiner Meinung nach schwerste Rennen der Welt.

Beim Radfahren gibt es weniger Unterschiede zu anderen Rennen. Wichtig ist: viel Flüssigkeitszufuhr und zur Abkühlung ständig Wasser über Kopf und Körper schütten. Die Radstrecke ist zwar vom Profil her nicht schwer, aber die Hitze und der Wind zehren an unseren Kräften. Dieser Wind, Mumuku genannt, erreicht Geschwindigkeiten, bei denen man sogar bei Abfahrten manchmal im Wiegetritt fahren muss. Dieser Mumuku bläst dir mit jedem Kilometer, den du gegen ihn ankämpfst, die letzte Kraft aus den Beinen.

Dafür erreichst du aber bei Rückenwind manchmal siebzig Stundenkilometer. Dann macht es richtig Spaß und du glaubst, dass dir nicht viel passieren kann, bis er sich wieder dreht – und das kann er von jetzt auf gleich.

Auch beim Laufen sind Hitze und Wind die schwersten Gegner. Viele Triathleten tragen eine Badehose und ein kurzes Top. Ich habe eine knielange Radhose und ein langes

Radtrikot an, damit ich der Sonne nur wenig Angriffsfläche biete. Auf dem Kopf trage ich eine Mütze, unter der ich mir an den Verpflegungsstellen Eiswürfel deponiere, um die Hitze zu ertragen und meine Körpertemperatur etwas zu regulieren.

Ich wollte endlich unter den Top Ten ins Ziel einlaufen. Vor dem Start wünschten Thomas Hellriegel, Stefan Holzner und ich uns gegenseitig alles Gute. Dann endlich das lang ersehnte Startsignal! Ich schwamm zwar wieder in der Spitzengruppe, konnte mich aber nicht absetzen. Ein Schwarm Delfine begleitete uns über die gesamte Schwimmstrecke. Faszinierend! Aber da wir durch die Delfine abgelenkt wurden, waren unsere Schwimmzeiten nur mittelmäßig.

Ich führte über vierzig Kilometer in der Spitzengruppe der Radfahrer. Dann konnte Lothar Leder an die Spitze anschließen und ich hoffte auf eine Wiederholung von Roth. Zuerst sah es so aus, als könnten wir beide uns von der Gruppe absetzen. Lothar feuerte mich an, und ich versuchte, Druck auf die Pedale zu bekommen. Aber nach zehn Kilometern merkte ich, dass ich explodieren würde, wenn ich mit dieser Geschwindigkeit weiterfahre. So musste ich das Tempo herausnehmen.

In diesem Jahr waren neue prominente Teilnehmer am Start: Udo Bölts, der berühmte Profiradfahrer vom Team Telekom. Er wurde bekannt durch den Satz: »Quäl dich, du Sau!«, mit dem er Jan Ullrich an dem Tag anfeuerte, als dieser die Tour de France gewann. Auch Steve Larsen, Profiradfahrer und Edelhelfer von Lance Amstrong, war mit dabei. Wir wussten, dass diese beiden das Rennen nicht gewinnen konnten, wollten ihnen aber auch nicht die schnellste Radzeit abtreten.

Lothar platzte bei Kilometer 100 weg. Thomas Hellriegel und der Amerikaner Tim de Boom lösten sich aus unserer Gruppe und langsam zog sich das Feld auseinander. Kurz vor dem Wechsel zum Laufen überholte mich Cameron Brown aus Neuseeland.

Ich hatte große Panik vor dem Laufen und fühlte mich total ausgebrannt. Die ersten Kilometer waren eine Qual. Bei Kilometer 8 kam Lothar an mich heran. Was dann geschah, versöhnte mich wieder mit ihm. Er feuerte mich an: »Komm, lass uns gemeinsam laufen!« An den Verpflegungsstellen halfen wir uns gegenseitig. Und dennoch ist und bleibt Hawaii ein einsames Rennen. Außer in der Stadt Kona sieht man nur wenige Zuschauer, die einen anfeuern und einem die Strapazen versüßen. Die karge Lavalandschaft bietet in ihrer Eintönigkeit auch nicht viele Möglichkeiten der Ablenkung.

Besonders hart wird es im Energy Lab bei Kilometer 28. Man läuft ungefähr zweieinhalb Kilometer bergab bis zum Wendepunkt und anschließend wieder bergauf. In diesem Bereich dürfen sich weder Betreuer noch Zuschauer aufhalten. Man ist völlig alleine und auf sich gestellt. Hier brennt die Sonne so stark, dass man das Gefühl hat, man würde in einem Kochtopf mit brühend heißem Wasser stecken. Kein Hauch von Wind. Vor und hinter dem Wendepunkt begegnet man seinen Konkurrenten. Jetzt heißt es, gute Miene zum bösen Spiel machen. Jeder versucht, gut auszusehen, obwohl man sich in dieser Phase am schlechtesten fühlt.

Lothar und ich liefen immer noch gemeinsam. Das Energy Lab ist das Kultigste beim Rennen in Hawaii und es gibt viele Anekdoten darüber. Zahlreiche Wettkämpfe wurden dort entschieden. Ein Athlet an der Spitze soll ein Liedchen gepfiffen haben, als ihm der Zweite entgegenkam. Kurz danach musste sich der Erste vor Erschöpfung übergeben. Ich bemühte mich auch, ganz locker zu wirken. Dabei war ich zu diesem Zeitpunkt eigentlich schon klinisch tot.

Kurz hinter mir liefen Lothar Leder und Marc Herremans. Vor mir waren der Amerikaner Cameron Widhoff, Steve Larsen, Timothy de Boom, Cameron Brown, Thomas Hellriegel und Norman Stadler. Lothar überholte mich fünf Kilometer vor dem Ziel und dann zog noch Marc Herremans aus Belgien an mir vorbei.

Als er mich überholte, gab er mir noch einen Klaps auf den Hintern und rief mir zu: »Komm, mach weiter!« Marc Herremans war immer ein fairer und sympathischer Gegner. Seine Karriere endete tragisch, denn ein Jahr später hatte er einen schweren Trainingsunfall auf Lanzarote. Seitdem ist er querschnittgelähmt.

2006 finishte er im Rollstuhl beim Ironman auf Lanzarote und bewies auf eindrucksvolle Art, dass sich ein Eisenmann selbst dann nicht unterkriegen lässt, wenn er nicht mehr laufen kann.

Kurz vor dem Ziel hatte ich das Glück, dass zwei Athleten noch erschöpfter waren als ich. So konnte ich Cameron Widhoff und Steve Larsen, der für seine schnelle Radzeit kräftig büßen musste, überholen und erreichte das Ziel als Siebter. Ein Traum ging in Erfüllung! Das war einer der größten Momente in meiner Triathlonkarriere.

Timothy de Boom gewann das Rennen und betonte in seiner Siegesrede, dass er es für Amerika, alle Opfer und deren Angehörige gewonnen hätte. Es war ein bewegender Moment und vielen standen die Tränen in den Augen. Keiner schämte sich seiner Gefühle bei den Gedanken an die Opfer des schrecklichen Attentats vom 11. September.

Die verbleibenden Tage hingen wir am »wide sandy beach« ab. Ich hatte meine Leidenschaft fürs Windsurfen entdeckt und genoss das Reiten auf den Wellen. Am letzten Tag präsentierte uns das Meer zum Abschied fünf Meter hohe Brecher. Obwohl mich die anderen warnten, bei dem hohen Wellengang auf ein Brett zu steigen, konnte ich der Versuchung nicht widerstehen und surfte auf den größten Wellen, die ich jemals gesehen habe.

Gerd gab mir am Strand das Zeichen für den Aufbruch zum Flughafen. Eine letzte Welle wollte ich noch mitnehmen. Nur noch eine einzige! Und diese letzte warf mich vom Brett und schleuderte mich an den Strand. Ich schlug mit dem Rücken auf dem Sand auf und hörte ein Knacken in der Schulter. Sofort hatte ich heftige Schmerzen und mein ganzer Körper zitterte. Wir fuhren zu einem deutschen Arzt, der auch in Hawaii gestartet war. Er diagnostizierte einen Muskelriss und meinte, mein Körper reagiere so heftig, weil ich durch den Wettkampf ausgepowert sei.

Nach der Landung in Deutschland fuhr ich mit starken Schmerzen direkt in ein Krankenhaus. Diagnose: vierfacher Bruch im Schulterblatt und Abbruch der Schulterpfanne. Die Ärzte meinten, dass ich mindestens sechs Monate mit dem Training aussetzen müsse. Zwei Monate später nahm ich es dennoch wieder auf.

Ich ging auch wieder zu einigen Medienterminen. Am 15. Oktober erhielt ich sogar ein Schreiben vom damaligen Bundeskanzler Gerhard Schröder, der mir seine Anerkennung aussprach.

Am 21. Oktober wurde die Fernsehsendung »Skylights – das VIP-Journal« ausgestrahlt. Der Moderator und bekannte Schauspieler Sky du Mont hatte mich davor mit seinem Kamerateam zu Hause besucht. Aber in seiner Sendung wurden wieder Szenen aus anderen Reportagen eingeblendet: Dortmunder Bahnhof, schmutzige Bahnhofstoilette, ausgezehrte Fixer, Auto rast mit hoher Geschwindigkeit gegen einen Baum und so weiter.

Die gleichen Szenen hatte ich schon unzählige Male gesehen. Rund zwanzig Fernsehreportagen hatten über meine zwei Leben berichtet und in über zehn Talkshows war ich aufgetreten. Und immer wieder wurde vor dem Talk die Drogenstory abgespult. Immer wieder die Frage nach Suchtverlagerung oder Spekulationen, was geschehen würde, wenn ich nicht mehr auf dem Siegertreppchen stünde. Ich fühlte mich noch immer als vorgeführter »Junkie der Nation«.

Der Höhepunkt dieser Negativerfahrungen war mein Auftritt in der ARD am 12. Dezember bei Fliege, dem Fernsehpfarrer der Nation. Die Zuschauer im Studio waren nach der kurzen Präsentation meiner Geschichte sehr bedrückt. Dann fragte er mich – obwohl dies nicht abgesprochen war – nach meiner Kindheit. In dieser Sendung wurde ich von ihm vorgeführt und war so tief verletzt, dass ich in keine einzige Talkshow mehr gehen wollte. Es gab Tage, an denen bereute ich es bitter, dass ich meine Lebensgeschichte »verkauft« hatte. Aber die zahlreichen Zuschriften von Menschen, die Rat suchten und mir versicherten, dass meine Biografie ihnen Hoffnung gegeben hatte, zeigten mir, dass wir mit der Veröffentlichung doch etwas bewirkt hatten. Langsam kehrte wieder die Ruhe in mein Leben zurück.

2002: Zweiter in Florida

Wie jedes Jahr bereitete ich mich intensiv auf den Wettkampf in Roth vor. Sechs Wochen davor wurde ich wegen einer Zahnentzündung operiert und musste vier Wochen lang Antibiotika einnehmen. So kam ich nicht richtig in Tritt. Aber ich wollte meine Fans nicht enttäuschen und startete trotzdem in Roth.

Es lief eigentlich wie immer. Bei Kilometer 38 war ich noch Dritter. Thomas Hellriegel lief völlig ausgepowert vor mir, aber ich konnte ihn nicht mehr erreichen. Dann überholte mich Cameron Brown, die »Laufende Dampfmaschine« aus Neuseeland, und ich musste mich mit dem 4. Platz in Roth zufriedengeben.

Nach Roth trainierte ich für den Ironman Hawaii. Mein Ziel war hochgesteckt: mindestens auf das Treppchen. Ich trainierte acht Stunden und erlangte die besten Laufergebnisse. Bei richtiger Zeiteinteilung hatte ich auch noch was vom Tag und meiner Familie gegenüber kein schlechtes Gewissen.

Voller Zuversicht flog ich zehn Tage vor dem Wettkampf nach Hawaii. Dort wartete ich vergeblich auf mein Fahrrad. Dies ist bei Flügen mit Zwischenlandungen nichts Ungewöhnliches. In der Regel wird ein bis zwei Tage später ausgeliefert. Ich fuhr täglich zum Flughafen. Fehlanzeige. Als mein Rad nach fünf Tagen immer noch nicht da war, reklamierte ich es bei der Fluggesellschaft am Frankfurter Airport. Ohne Ergebnis. Mein Freund Peter, der eine Woche später anreisen wollte, fuhr zum Flughafen und bat ebenfalls um intensive Nachforschung. Und siehe da: Das Rad stand zwischen etlichen Koffern in einer Abstellkammer für herrenloses Gepäck. Einen Tag später landete Peter endlich mit meinem Fahrrad!

Die Vorbereitung war nicht optimal gewesen: Ich hatte auf einem Leihrad trainieren müssen, das von der Geometrie her völlig anders als mein eigenes war. Aufgrund der ungewohnten Belastung klemmte ich mir im Rücken einen Nerv ein. Ich konnte keinen normalen Schritt gehen ohne starke Kreuzschmerzen. In dieser Verfassung war ein Start unmöglich. Der Physiotherapeut und der Arzt konnten mir in der kurzen Zeit nicht helfen und eine Spritze in den Rücken lehnte ich ab. Davor hatte ich eine panische Angst.

So stand ich das erste Mal in meiner Triathlonkarriere als Zuschauer am Straßenrand – und war total frustriert. Es gibt nichts Schlimmeres, als nicht starten zu können. Ein schlechtes Rennen kann man verkraften. Aber diesen Wettkampf als Zuschauer zu erleben, das war für mich einfach nur schrecklich. Aus Enttäuschung stopfte ich alles in mich rein, hatte keine Lust mehr auf Bewegung und wollte nur noch nach Hause.

In Deutschland steigerte ich mein Frustessen. Ich legte innerhalb von drei Wochen fünf Kilo Gewicht zu und hatte null Bock auf Training. Für mich war die Saison gelaufen. Nach drei Wochen erwachte jedoch wieder der Kämpfer in mir und ich recherchierte im Internet. Und tatsächlich: Fünf Tage später fand der Ironman in Florida statt. Ohne Trainingsvorbereitung und mit fünf Kilo Übergewicht entschied ich mich innerhalb einer Stunde, nach Florida zu fliegen. Ich rief den Veranstalter an und er sicherte mir einen Startplatz zu.

Einen Tag später saß ich mit meinem Fahrrad im Flugzeug Richtung Panama City. Ich besorgte mir die Startunterlagen und checkte das Rad ein. Aber ich hatte nicht wirklich das Gefühl, bei diesem Ironman zu finishen. Ich wollte nur eines: dabei sein.

203

Am Wettkampftag fühlte ich mich hundeelend. Als einer der besten Schwimmer unter den Triathleten steige ich immer in der Spitzengruppe aus dem Wasser. In Florida wurde ich nur nach hinten durchgereicht. So schwand meine Hoffnung.

Aber auf dem Rad spürte ich, wie ich mit jedem Kilometer stärker wurde. Ich übernahm schon nach etwa zwanzig Kilometern die Führung und bei Kilometer 160 lag ich bereits sechzehn Minuten vor dem Zweiten. Ein wahnsinniger Zeitvorsprung! Dann passierte es. An meinem Lenker löste sich eine Schraube. Ich zeigte dem Führungsfahrzeug an, dass ich Hilfe benötigte. Erst nach zehn Minuten reichte man mir den Werkzeugschlüssel, um den Defekt zu beheben. An der Wechselzone hatte sich mein Vorsprung auf vier Minuten reduziert. Ich hoffte dennoch auf einen ordentlichen Marathonlauf, doch bei Kilometer 22 überholte mich der Australier Jason Jortis – und gewann.

Ich war froh, die Saison als Zweiter in Florida beenden zu können, und ahnte nicht, dass dies vorerst mein letztes Rennen war.

Karin Bühler von der »Süddeutschen Zeitung« schrieb darüber:

Der Flug nach Hause ist ein Flug durch schweres Gewitter. Regen klatscht gegen die Fenster, Blitze zucken um die Tragflächen. Die Maschine ruckelt und wackelt, doch Andreas Niedrig bleibt ruhig, beschwichtigt sogar die vor ihm sitzenden Mädchen, die ohnehin mit Flugangst zu kämpfen haben. Schließlich kreisen seine Gedanken wieder um den harten Wettkampf, den er einen Tag zuvor in Florida absolviert hat ...

... Nur Zweiter. Dabei wollte er doch gewinnen. Das Flugzeug holpert von Luftloch zu Luftloch. Nur langsam beruhigen sich die Passagiere ...

... »Genau wie dieser Flug«, sagt er, »so ist mein Leben.«

Da meine wichtigsten Sponsoren ihre Verträge nicht mehr verlängert hatten, machte sich ein Freund Gedanken über meine Zukunft. Er vermittelte mir den Kontakt zu einer Stiftung für suchtpräventive Projekte im Frankfurter Raum. Bei diesem Projekt arbeite ich noch heute mit.

VII

Ein drittes Leben auf Krücken?

2003: Ständige Schmerzen und Operationen

> »Ich verlor sie noch einmal,
> die unbeschreibliche Lust am Leben!
> Gott sei Dank hatte ich gelernt,
> immer wieder aufzustehen!«

Ich war sehr glücklich, als die Deutsche Triathlon Union mich für die Weltmeisterschaft auf Ibiza nominierte. Da ich aus Florida mit einer Reizung in der Achillessehne zurückkehrte, hatte ich mein Lauftraining unterbrochen und hoffte, die Beschwerden würden nach ein paar Wochen verschwinden. Hätte ich nur den leisesten Hauch einer Ahnung gehabt, was sich daraus entwickeln würde, hätte ich die Signale meines Körpers ernst genommen! Aber ich ignorierte die Reizung.

Die ersten Trainingseinheiten für die Weltmeisterschaft liefen gut. Dann wurden die Schmerzen stärker. Mein Arzt diagnostizierte einen entzündeten Schleimbeutel hinter der Achillessehne. Er sprach von einer kleinen Operation, die mich schnell wieder auf die Beine bringen würde, also sagte ich schweren Herzens meine Teilnahme an der Weltmeisterschaft ab.

Da ich zwischenzeitlich einen gewissen Bekanntheitsgrad erreicht und trotz der Kündigung der wichtigsten Sponsorenverträge noch keine finanziellen Sorgen hatte, erkundigte ich mich nach der schnellsten und besten Operationsmöglichkeit. Man empfahl mir einen Professor, der in Fachkreisen einen sehr guten Ruf genoss. Dieser würde eine neue Methode anwenden, sodass ich nach drei Wochen wieder trainieren könnte.

Am 1. April wurde ich operiert und nach drei Wochen begann ich wieder mit dem Training. Aber nach einigen Trainingseinheiten breitete sich der Schmerz von der Achillessehne auf das komplette Fußgelenk aus. Der Professor beruhigte mich, ich müsse etwas Geduld haben. Doch die Schmerzen wurden unerträglich. Schließlich warf mir der Chirurg vor, ich sei zu früh und zu hart ins Training eingestiegen und müsse deshalb jetzt auf meine sportliche Betätigung verzichten.

Im Oktober operierte mich der Professor ein zweites Mal, ohne ein weiteres Honorar zu verlangen. Noch hatte ich den Glauben an eine Heilung nicht verloren. Aber es kam schlimmer.

Nach der zweiten Operation wurden die Schmerzen heftiger. Ich konnte fast nur noch auf Krücken laufen und meine Psyche spielte verrückt. Der Professor meinte immer nur: »Abwarten! So was kann dauern!« Glücklicherweise wurden die Schmerzen zwischendurch wieder erträglicher.

Am 25. Juni war ich Gast bei Johannes B. Kerner. Das ZDF hatte weitere Gäste eingeladen: die bekannten Schauspieler Katja Riemann und Ralf Bauer, die sich seit Jahren intensiv bei UNICEF engagieren, Brigitte Mira, eine unserer großen Volksschauspielerinnen, die auf mich mit ihren zweiundneunzig Jahren einen wahnsinnig aktiven Eindruck machte, und Formel-1-Chef Flavio Briatore, der damals noch mit Heidi Klum befreundet war.

Obwohl ich nach den schlechten Erfahrungen mit Fernsehpfarrer Fliege nie mehr in einer Sendung auftreten wollte, versöhnte mich diese Talkrunde wieder mit den Medien. Johannes B. Kerner beleuchtete meine Geschichte nicht auf reißerische Art, sondern recht sachlich.

Vor Weihnachten quälten mich erneut starke Schmerzen. Ich konnte fast drei Wochen nicht schlafen. Aus Angst vor einem Rückfall in die Abhängigkeit wollte ich keine Schmerztabletten einnehmen. Verzweifelt konsultierte ich einen Arzt nach dem anderen. Niemand konnte mir helfen. Meine Suche geriet zu einer Odyssee von Praxis zu Praxis. Wollten die Ärzte keine Diagnose stellen, da alle wussten, wer mich operiert hatte? Und wie war das noch mit der Krähe, die der anderen kein Auge aushackt?

Viele Ärzte glaubten, ich hätte einen an der Klatsche. Einige empfahlen mir eine Schmerztherapie. Ich lehnte empört ab. Einem Junkie eine solche Therapie anzubieten bedeutet den medizinisch verordneten »Rückfall auf Rezept«.

Ich hatte für meine Behandlungen viel Geld ausgegeben und keine Einkünfte mehr. Wir hatten unsere gesamten Ersparnisse verloren und ich konnte mich nur noch auf Krücken bewegen. In Unterhaltungen war ich immer abwesend, nie beim Thema. Ich spürte nur diesen permanenten Schmerz und sogar ein kurzer Spaziergang war nicht mehr möglich.

2004: Rekonstruierte Achillessehne

Im März wurden die Schmerzen plötzlich erträglicher. Ich schöpfte wieder Mut und hoffte auf einen Start in Roth. Die Hoffnung stirbt bekanntlich zuletzt. Mir war klar, dass ich nie mehr als einer der Ersten das Ziel erreichen könnte. Aber ich wollte selbst entscheiden, wann ich aufhöre. Keinesfalls konnte ich akzeptieren, dass eine Verletzung mich zwingen würde, von der Triathlonwelt Abschied zu nehmen.

Ich begann mit einem lockeren Training. Die Schwellung in meinem Fuß nahm langsam ab und ich fand zu meiner alten Form zurück. Im Mai meldete ich mich für Roth an. Aber drei Wochen vor dem Rennen schmerzte mein Fuß wieder und ich musste mein Lauftraining reduzieren. Mit diesen Beschwerden wäre ein Einzelstart unmöglich gewesen. Ich wollte aber zumindest in einer Staffel auf dem Rad mitfahren. Beim Staffelstart werden die Disziplinen von drei verschiedenen Athleten absolviert.

Ich fuhr mit meiner Familie wieder nach Roth. Meine Enttäuschung, nicht über die gesamte Strecke starten zu können, war zwar sehr groß, aber ich musste mich damit abfinden. Zwei Tage vor dem Wettkampf rebellierte mein Fuß erneut. Die starken Schmerzen kehrten zurück und an einen Start war nicht zu denken. Ich stellte mich mit Sabine und den Kindern an die Strecke und feuerte die anderen Triathleten an. Aber anders als auf Hawaii sprachen sie diesmal mir Mut zu.

Dann suchte ich weiterhin verzweifelt einen Arzt, der mir vielleicht doch noch helfen könnte. Ich reiste durch ganz Deutschland, war bei Spezialisten in Amsterdam und schließlich in Bern bei einem der besten Orthopäden Europas. Dieser Arzt hatte schon vielen bekannten Sportlern bei Komplikationen geholfen. Schließlich erklärte mir der Professor sehr einfühlsam, dass er mir helfen könnte. Aber er bezweifelte, ob ich eine weitere Operation psychisch durchstehen würde. Mit einer kompletten Achillessehnen-Rekonstruktion müsse er mich ein halbes Jahr ruhigstellen. Aufgrund des medizinischen Befunds riet er mir zwar dringend zu einer Operation, aber er wollte den Eingriff nicht selbst durchführen.

Ich hatte bisher nie an einen Rückfall gedacht, doch in diesen Tagen verlor ich die Lust am Leben. Welche Zeit schlimmer war, kann ich nicht sagen, denn in meiner Junkiezeit war ich ja immer dicht gewesen. Die tragische Entwicklung meines Fußes erlebte ich hingegen bei vollem Bewusstsein und im Rückblick auf eine erfolgreiche Lebensphase.

Nach diesem Arztbesuch hatte ich zwar eine Diagnose über den Zustand meines Fußes, aber noch immer keine Hilfe erhalten. Völlig verzweifelt fuhr ich wieder nach Hause. Am gleichen Tag rief mich zufällig Frau Dr. Barnbeck an, eine Ärztin, mit der ich als Orthopädiemechaniker zusammengearbeitet hatte. Sie war völlig entsetzt, als ich meine Lage schilderte, und bot mir einen Termin bei ihrem Mann, Chefarzt im »Bergmannsheil Krankenhaus« in Gelsenkirchen, an.

Bereits am nächsten Tag stellte Herr Dr. Barnbeck eine starke Entzündung im Fuß fest. Das war die Erklärung, warum sich die nahezu unerträglichen Schmerzen auf das gesamte Bein ausgebreitet hatten. Nach der Untersuchung erklärte mir der Doktor, er müsse sofort operieren, um eine weitere Verschlechterung meines Zustands zu verhindern.

Einen Tag später kam ich bereits unter das Messer. Der Befund beim Öffnen meines Fußes war schrecklich. Ich hatte in meinem kurzen Leben schon viele tragische Situationen erlebt, aber das war der absolute Horror! Meine gesamte Achillessehne war vom Fersenbeinknochen abgelöst, ja mir fehlte ein Großteil der Ferse, der Teil, an dem normalerweise die Sehne befestigt ist. Unter vorgehaltener Hand wurde damals geflüstert: »Der Künstler hat es verpfuscht und der Handwerker wieder gerichtet.« Die Ärzte mussten meine Achillessehne mit Titanschrauben an der Ferse befestigen.

Dr. Barnbeck habe ich sehr viel zu verdanken. Wäre ich nicht operiert worden, hätte ich vielleicht meinen Fuß verloren. Aber mein Traum, noch einmal als Triathlet in Roth zu starten, war zerstört.

2005: Endgültiges Aus für den Triathleten?

Mitte Januar begann ich langsam mit dem Training. Das heißt: Nach jeweils zwei Minuten Laufen musste ich eine kleine Pause einlegen. Ich kam zwar langsam in Form, aber meine Zeiten waren nicht annähernd mit meiner vorherigen Leistung vergleichbar. Inzwischen hatte ich mich damit abgefunden, dass ich nie wieder professionell trainieren könnte. Nach drei Wochen gelang es mir zwar schon, sechs Kilometer am Stück zu laufen, aber mehr war nicht drin.

Dann kam wieder ein Rückfall. Bei einem leichten Lauftraining brannte mein Fuß. Die Schmerzen waren so stark, dass ich im Februar erneut ins »Bergmannsheil Krankenhaus« eingeliefert wurde. Diagnose: In das Narbengewebe der alten Operationen waren Nervenstränge eingewachsen.

Ich wurde nochmals operiert. Mitte März begann ich wieder mit dem Training. Zunächst wieder nur Phasen von zwei Minuten. Ich fühlte mich wie ein alter Mann und wollte mich nur noch ein wenig sportlich bestätigen – nicht mehr, aber auch nicht weniger. Mit jeder Trainingseinheit steigerte ich meine Leistung und meldete mich für das Rennen in Buschhütten an. Ich erhoffte mir schon keine gute Platzierung mehr, wollte mich bloß noch auf meine Art von der Triathlonwelt verabschieden.

Besonders wichtig in dieser Zeit war Thomas Lechner, Geschäftsführer der Sicherheitsfirma Arndt. In ihm hatte ich einen Menschen gefunden, der trotz aller Schwierigkeiten in den letzten zwei Jahren an mich geglaubt hatte. In einer Zeit, in der niemand auch nur einen Pfifferling auf mich gesetzt hätte, unterstützte er mich als Sponsor.

Nach fast zwei Jahren verletzungsbedingter Auszeit und mit nur sechs Wochen Training startete ich in Buschhütten. Und ich fühlte mich großartig! Lothar Leder, Chris McCormack und viele andere Begleiter aus besseren Tagen waren auch am Start. Ich stieg mal wieder mit der Spitzengruppe aus dem Wasser und führte das Radrennen an. Dann brach ich – wie erwartet – beim Laufen ein. Und dennoch geschah das Unglaubliche: Ich erreichte als Neunter das Ziel und war überglücklich.

Diese unerwartete Leistung ermutigte mich, Roth nicht nur als meine Abschiedsvorstellung zu betrachten. Ich wurde vom Ehrgeiz gepackt, mein letztes Rennen auf meiner Hausstrecke in der vorderen Reihe zu beenden. Dank der finanziellen Unterstützung durch die Firma Arndt konnte ich drei Wochen in ein Trainingslager nach Italien reisen. Meine Leistungen waren fantastisch. Ich würde zwar niemals wieder solche wie vor der Verletzung bringen, aber ich war mit den Ergebnissen doch zufrieden. Mit einem Trainingsstand von 1600 Kilometern auf dem Rad, 180 Kilometern Laufen und einigen Stunden im Wasser meldete ich mich in Marienfeld bei einem Mitteldistanz-Wettkampf an, also der Hälfte der Ironman-Strecke.

Ich gewann das Rennen mit zwölf Minuten Vorsprung und brach meinen Streckenrekord! Und das drei Wochen vor Roth! Besser hätte es nicht laufen können.

Kurz vor der Siegerehrung bemerkte Sabine unter meiner Ferse eine kleine Blutblase, in der eine kleine Glasscherbe steckte. Ich hatte in der Wechselzone nach dem Schwimmen den Tritt auf die Scherbe gar nicht bemerkt. Nach all den Operationen hatte ich auch nicht mehr so viel Gefühl im Fuß. Ich entfernte die Scherbe und dachte mir nichts dabei. Es war wirklich völlig unspektakulär und man sah den kleinen Schnitt kaum. Zunächst hatte ich auch keine Probleme und trainierte weiter für Roth.

Als ich eines Abends mit Sabine vor dem Fernseher saß, schoss allerdings innerhalb weniger Minuten eine glühend heiße Welle durch meinen Körper. Das Fieber stieg innerhalb kürzester Zeit an, sodass ich wieder ins »Bergmannsheil Krankenhaus« eingeliefert werden musste. Die Ärzte diagnostizierten eine schwere Blutvergiftung. Die kleine Scherbe hatte eine starke Entzündung ausgelöst und unter meinem Fersenkissen einen großen Eiterherd gebildet.

In einer Notoperation wurde mein Fersenkissen bis zum Knochen entfernt. Da bei derartigen Entzündungen die Wunde nicht wieder geschlossen werden darf, musste eine offene Wundheilung stattfinden, die sehr lange dauert. Das Ganze war im Juni passiert. Jetzt war mir endgültig klar, dass ich nie wieder Sport treiben könnte, zumindest nicht professionell.

Da die Ferse auf keinen Fall belastet werden durfte, musste ich zwei Monate auf Krücken laufen. Aber danach wurde das neu gebildete Fersenkissen nekrotisch, das heißt, dass das neu gebildete Gewebe abstarb. Ich musste erneut operiert werden und zwei Wochen im Krankenhaus liegen.

Völlig verzweifelt konnte ich nicht glauben, dass ein einziger Mensch in einem Leben so viel Pech haben kann. In dieser Zeit hätte ich fast vergessen, wie viel Glück ich auch schon gehabt hatte. Nach dem Triumph einer Triathlon-Karriere ein solch tiefer Abstieg wegen gesundheitlicher Probleme – als wollte das Schicksal die Worte meiner Therapeutin von meinem Leben in Extremen bestätigen!

Was wäre geschehen, wenn bei der Operation wieder etwas schiefgegangen wäre? Ich weiß heute nicht mehr, wie ich das alles ertragen konnte. Vielleicht hat der erfolgreiche Ausstieg aus meinem Fixerleben in mir den Glauben aufrechterhalten, dass es irgendwann immer wieder aufwärtsgeht. Und der Leistungssport war mein Kraftreservoir, solche Rückschläge im Leben zu überstehen.

Sabine und die Kinder mussten mich in dieser Zeit ertragen und das war sicherlich nicht immer einfach. Wir hatten vieles verloren, was wir uns mühsam aufgebaut hatten. Aber wir haben es gemeinsam durchgehalten. Und das alleine zählt.

Die letzte Operation war zwar erfolgreich, aber mein Körper wollte einfach nicht mehr. Über vier Monate hatte ich Antibiotika eingenommen. Ich nahm zu, konditionell war ich von 100 auf 0 gesunken und mein Kreislauf war ziemlich im Keller.

Mit meinen suchtpräventiven Seminaren finanzierte ich unseren Lebensunterhalt. Dies war allerdings nicht immer einfach, denn meine Gefühle fuhren Achterbahn und mit meinen Stimmungsschwankungen war es manchmal schwierig, die Seminarteilnehmer zu motivieren. Nach diesen Erfahrungen hatte ich mir fest vorgenommen, wirklich auf den Rat der Ärzte zu hören und mein professionelles Training endgültig einzustellen.

Aber im Dezember 2005 begann ich wieder mit dem Training und flog noch einmal nach Lanzarote. Ich wollte mich auf die nächste Saison vorbereiten, ohne es zu übertreiben, und schwor mir, meine Körpersignale künftig ernst zu nehmen.

Noch einmal meine Spitzenleistung zu erreichen wäre nicht möglich. Nicht nur die Rückschläge nach den Operationen, sondern auch ein Blick in meinen Personalausweis machten mir klar, dass die Jahre ihren Tribut forderten.

2006: Neue Qualen in Südafrika

Bis Februar trainierte ich auf Lanzarote, radelte knapp 8000 Kilometer, lief 1000 Kilometer und schwamm fast jeden Tag. Ich konnte es kaum glauben, dass ich nach über zwei Jahren Unterbrechung meine Trainingseinheiten mit so guten Ergebnissen schaffte! Ich brachte wieder eine starke Leistung, mit der selbst einige aus dem vorderen Bereich der Triathlonszene nicht mithalten konnten.

Im März flog ich nach Südafrika. Ich war super nervös. Nach über drei Jahren startete ich wieder bei einem großen Ironman-Rennen und hoffte auf ein Comeback. Ich glaubte aufgrund meiner Trainingsergebnisse fest an eine vordere Platzierung und wollte mich wieder für den Ironman auf Hawaii qualifizieren. Das Rennen in Südafrika war gut besetzt. Vor der Konkurrenz hatte ich zwar keine Angst, vor der Streckenlänge aber dennoch großen Respekt. Würde ich durchhalten und in Südafrika mein Comeback schaffen?

Beim Schwimmen kam ich als Erster aus dem Wasser. Die Strecke bis zur Wechselzone ist in Port Elisabeth relativ lang. Aufgrund meiner Verletzung konnte ich nicht richtig laufen. Durch diese zeitliche Verzögerung startete ich erst in vierter Position aus der Wechselzone. Auf dem Rad machte es richtig Spaß. Ein tolles Gefühl! Ich gehörte wieder dazu, fühlte mich weit weg von der Heimat wieder zu Hause in der großen Familie der Triathleten. Bis Kilometer 100 führte ich mit dem Vorjahressieger von Hawaii Faris Al-Sultan und dem amtierenden Südafrika-Meister Norbert Tissing das Feld der Radfahrer an. Dann setzte Regen ein und kräftiger Wind kam auf. Das Wetter entwickelte sich immer mehr zu meinem Vorteil, denn bei schlechtem Wetter bin ich in meinem Element. Ich wollte auf jeden Fall mit den beiden vom Rad steigen. Doch dann passierte es.

Ich fuhr mit niedrigem Tempo einen Berg hoch. Plötzlich lief ein Kind auf die Straße. Um einen Zusammenstoß mit dem kleinen Mädchen zu vermeiden, riss ich den Lenker rum, bremste stark ab und zog einen Fuß aus der Pedale. Ich rutschte mit dem Schuh über den nassen Asphalt und machte einen Ausfallschritt, um nicht zu stürzen. Das Mädchen lief erschrocken weiter. Aber Gott sei Dank war nichts passiert. Dachte ich.

Ich stieg wieder aufs Rad und wollte weiterfahren. Bereits nach wenigen Minuten bemerkte ich, dass mein Gesäßmuskel sich immer weiter zuzog und ich im Sitzen keine Kraft mehr auf die Pedale übertragen konnte. Ich hatte starke Schmerzen und musste im Stehen weiterfahren. Fast achtzig Kilometer Radfahren in dieser Position kostet richtig viel Kraft! Ich verlor über sechzehn Minuten, wollte das Rennen aber irgendwie zu Ende bringen und dachte: »Wenn du im Stehen fahren kannst, kannst du auch laufen.«

Aber nach acht Kilometern auf der Laufstrecke und dem mehrmaligen Versuch, meinen Muskel zu dehnen, musste ich aufgrund der starken Schmerzen aufgeben. Völlig enttäuscht und total verzweifelt ging ich in mein Hotel und weinte. Ich konnte es einfach nicht glauben und rief Sabine an. Dann informierte ich meinen Freund Peter, der an der Strecke auf mich wartete. Er hatte mich beim Wechsel der Trinkflasche in der ersten Runde noch so lautstark angefeuert, dass es mir eiskalt über den Rücken lief. Völlig entsetzt rannte Peter ins Hotel. Trost konnte er mir keinen spenden, aber es war einfach schön, dass er da war. Ich flog vollkommen niedergeschlagen nach Deutschland zurück.

Die Ärzte diagnostizierten einen Anriss der Gesäßmuskulatur. Da ich nicht trainieren konnte, engagierte ich mich mehr in der Projektarbeit und wollte nichts mehr von sportlicher Betätigung wissen. Neben meiner Leidenschaft hatte ich mit meinen Seminaren und den Vorbereitungen der Verfilmung meiner Lebensgeschichte inzwischen neue interessante Aufgaben, sodass der Schmerz über die Niederlage schnell vergessen war. Ich hatte zwar einen triftigen Grund vorzuweisen, warum ich das Rennen nicht beenden hatte können, aber in meinem Bauch fühlte es sich dennoch wie eine Niederlage an.

VIII

Wann fällt der letzte Vorhang auf der Triathlonbühne?

Ein letztes Mal in Roth

Als die Wetterlage in Deutschland besser wurde, begannen meine Beine wieder zu kribbeln. Sollte ich nicht doch an ein paar kleineren Rennen teilnehmen? Der Trainingsrückstand war zwar enorm, aber ein kürzeres Rennen könnte ich mir doch abverlangen. Oder?

Keine Frage! Ich startete in Buschhütten und konnte den 8. Platz belegen. Dann erzielte ich noch bei zwei Kurzdistanzen und zwei Mitteldistanzen jeweils respektable Plätze.

Da ich mich inzwischen auf meine Präventionsprojekte konzentrierte, wollte ich nach diesen Rennen meine Sportlerkarriere wirklich beenden. Aber man soll niemals nie sagen ...

Viele Freunde, Fans und Sponsoren drängten mich, ein letztes Mal in Roth zu starten, und so meldete ich mich für den Wettkampf auf meiner Hausstrecke an. Warum? Ich schämte mich vor mir selbst, meinen Fans und meinen Sponsoren. Meine Verletzung war auskuriert. Warum sollte ich es mir selbst und allen anderen nicht noch einmal beweisen und dann aber wirklich endgültig von der Bühne der Triathleten abtreten?

Ohne Trainingsvorbereitung und ohne den Ehrgeiz, einen bestimmten Platz zu erzielen, startete ich meinen großen Abschiedslauf in Roth.

Meine Devise lautete: ein letztes Mal in Roth finishen und mich bei den Fans bedanken, damit mein Abschied in ewiger Erinnerung bleibt.

Sie werden sich nach dieser Vorgeschichte fragen: Warum macht der das alles? Ja, manchmal habe ich mich das auch gefragt. Ich wollte einfach meinen Abschied selbst inszenieren und von der Bühne, die meine Welt war, so abtreten, dass mich die Zuschauer niemals vergessen. Nun war es so weit. Adieu zu der Strecke sagen, die für mich die Welt bedeutete.

Jeder Abschied ist ein kleiner Tod

Ich stieg mit der Spitzengruppe aus dem Wasser und fuhr die erste Runde vorne mit. Dann spürte ich eine totale Erschöpfung, mein Rücken schmerzte. Ich hatte zu wenig trainiert, die Muskulatur hielt der großen Beanspruchung nicht stand. Der Kopf war willig, doch der Körper begann zu streiken.

Aber ich genoss das Rennen, denn der Weg war das Ziel. Es war einfach toll, die Menschen am Straßenrand bewusst zu erleben, und die Zeit zu haben, nach rechts und links zu schauen und mit den Fans Kontakt aufzunehmen. Beim Wechsel vom Rad auf die Laufstrecke legte ich eine Pause ein und gab sogar ein Interview. Beim Laufen bedankte ich mich bei vielen treuen Zuschauern, die ich am Streckenrand wiedererkannte.

Fünf Kilometer vor dem Ziel liefen mir die Tränen über das Gesicht. Weinte ich aus Erleichterung? Ich war unglaublich traurig und glücklich zugleich. Alle wussten, dass ich diesen Abschied wollte. Ich lief mit dem Gedanken über die Ziellinie, dass dies endgültig mein letztes Rennen war. Ich genoss es, auf diese Art Lebwohl zu sagen, finishte nach neun Stunden und war überglücklich. Der Empfang der Zuschauer im Ziel war so überwältigend, dass ich in den Armen von Sabine Rotz und Wasser heulte.

Bei der traditionellen Finishline-Party erhielt ich vom Bürgermeister der Stadt Roth »lebenslanges Asyl«, ein alter Brauch, der früher Bürgern gewährt wurde, die unverschuldet in finanzielle Not geraten waren. Der Veranstalter stellte mir einen »lebenslangen VIP-Ausweis« aus und in der Mannschaftswertung wurde ich mit dem Team Arndt sogar noch Deutscher Mannschaftsmeister. Was wollte ich mehr? Meine Strapazen der letzten Jahre waren vergessen: Ich hatte meinen Abschied selbst inszeniert und fuhr glücklich und zufrieden mit Sabine und den Kindern nach Hause.

Bereits zwei Monate später kreisten wieder diese Zweifel in meinem Kopf: Bei intensiverem Training hätte ich in Roth besser abgeschnitten. Sollte ich nicht doch noch einmal starten? Nur ein einziges Mal?

Am 24. September startete ich mit meinem Vater und meiner Schwester Conny beim Berlin Marathon. Zwei Kamerateams begleiteten uns: Eines drehte eine Dokumentation über unsere Familie, das andere berichtete über meine Schwester Conny. Sie ist die Hauptdarstellerin in der Serie *Niedrig und Kuhnt – Kommissare ermitteln*, die täglich auf SAT.1 ausgestrahlt wird. Wir hatten bei dem Familienlauf viel Spaß. Für meinen Vater war es nur einer von über fünfzig Marathonläufen, für mich eine Trainingseinheit, aber für Conny erst der zweite Marathonlauf überhaupt. Sie steht fast jeden Tag bis zu zwölf Stunden vor der Kamera und kann maximal fünfzig Kilometer in der Woche trainieren. Dafür hatte sie eine super Leistung gebracht.

Blick in die Zukunft

Vor drei Jahren überzeugte mich der Produzent Fritjof Hohagen, dass man mein Leben verfilmen sollte, um Menschen Mut zu machen, auch in verzweifelten Situationen niemals die Hoffnung aufzugeben. Wir fanden viele Fürsprecher, die dieses Projekt unterstützen wollten. Aber das alleine reicht nicht aus, um einen Kinofilm zu produzieren.

Doch die Produzenten Fritjof Hohagen sowie Clarens Grollmann und der Regisseur Adnan Köse hatten einen langen Atem.

Am 12. Februar 2007 fiel die erste Klappe zu dem Film, der mit hochrangigen Schauspielern besetzt ist: Max Riemelt (als Andreas Niedrig), Jasmin Schwiers (als meine Frau), Udo Schenk (als mein Vater), Leslie Malton (als meine Mutter), Uwe Ochsenknecht (als mein Trainer), Axel Stein (als Freund aus meiner Clique) und Ingo Naujoks (als Junkie).

Der Film wird spannende Unterhaltung bieten und Episoden aus meiner Junkiezeit fiktiv darstellen. Auch wenn der Regisseur und der Produzent versucht haben, so nah wie möglich an meiner Lebensgeschichte zu bleiben, ist es in einem Film kaum möglich, alles so darzustellen, wie es sich in der Realität tatsächlich abgespielt hat. Deshalb bin ich froh, dass jeder meine wahre, ungeschminkte Geschichte in diesem Buch lesen kann.

Ich bin schon gespannt, wie sich mein Leben weiterentwickeln wird. Vielleicht starte ich doch noch einmal in Roth.

Nur ein einziges Mal!
Oder auch nicht?
Vielleicht?
Sag niemals nie!

Anhang

Nachwort von Jörg Schmitt-Kilian

Von der ersten Idee bis zur Veröffentlichung dieses Buches sind viele Menschen an seiner Entstehung beteiligt gewesen. Ihnen allen möchte ich dafür meine Anerkennung aussprechen. An erster Stelle sei Andreas Niedrig, der Held seiner eigenen Geschichte, gewürdigt, der mir offene und ehrliche Einblicke in sein Leben gewährt hat.

Helga Brennecke, Elfriede Belleflamme, Ivonne Gerth und Helmut Bouillon möchte ich herzlich danken für erste Anregungen und Korrekturen,

Theresa Stöhr für konstruktive Kritik und neue Ideen,

Anke Drescher für offene Gespräche und unkomplizierte Zusammenarbeit,

Rainer Dörner für medizinische Beratung und meiner Frau Elfie für ihre Geduld und Unterstützung in vielfacher Hinsicht.

Schon im Voraus gilt mein Dank auch allen Lehrerinnen und Lehrern, die dieses Buch mit Jugendlichen besprechen werden. Ich würde mich freuen, wenn meine Songtexte Ihnen Anregungen und Unterstützung für Ihren Unterricht bieten!

Weitere Handreichungen können Sie kostenlos unter

schmitt-kilian@onlinehome.de

anfordern.

Ich wünsche mir, dass diese Geschichte viele Menschen erreicht und ermutigt, auch in verzweifelten Situationen die Hoffnung niemals aufzugeben.

Jörg Schmitt-Kilian

IMPULSE 2007

Das Konzept IMPULSE

– bietet Lehrern, Eltern, Sozialarbeitern, Jugendbetreuern und allen interessierten Personen Handlungsstrategien, wie sie mit Jugendlichen in einen glaubwürdigen Dialog eintreten und Projekte durchführen,

– beschreibt in verschiedenen Modulen, wie wir bereits im Vorfeld der ersten Berührung mit Drogen das Gespräch als Chance nutzen und Sprachlosigkeit überwinden,

– ist ein vernetztes Angebot, das sich immer an den Bedürfnissen der Zielgruppe und den Möglichkeiten vor Ort orientiert,

– kann in Inhalt und Ablauf anhand der ausgewählten Module selbst gestaltet werden,

– orientiert sich an der zunehmenden Erkenntnis, dass eine ausschließlich auf Suchtmittelkunde und Abschreckung gezielte Aufklärung und Information Jugendliche nicht davon abhalten wird, Drogen zu probieren,

– beleuchtet wichtige Fragen, u. a. den Gruppendruck in der Clique mit Vernetzung zum Thema Gewaltprävention (ein »Nein« akzeptieren, nicht ausgrenzen, »fertig machen« usw.) mit Lösungsansätzen und Betrachtung der eigenen Rolle und Möglichkeiten eines konfliktfreien Miteinander,

- basiert auf den Erfahrungen der Konfliktforschung, denn die Förderung der Empathie (Fähigkeit zum Perspektivenwechsel und »Laufen lernen in den Schuhen des anderen«) sowie Ansätze konfrontativer Pädagogik werden bei einem dialogischen Miteinander in den Vordergrund gestellt.

Aufgrund langjähriger Erfahrungen gelingt mit den in der Praxis erprobten methodischen Schritten eine Annäherung an Gefühls- und Erlebenswelten aller beteiligten Personen. Jugendliche schildern (nach einer altersgemäßen Vorbereitung der Klasse durch Lehrerinnen und Lehrer) bei der »Begegnung mit dem Autor« ihre Fantasien, Wünsche und Gefühle. Bei der »anonymisierten Präsentation der Ergebnisse« findet der »Transfer« in einer gelockerten Atmosphäre statt und dient als Anregung, wie Eltern, Lehrer und Erzieher bereits vor der ersten Berührung mit Drogen (aber auch bei vermutetem Drogenkontakt) ein Gespräch als Chance nutzen und Handlungsstrategien entwickeln können.

Es werden folgende Bausteine angeboten:

Impulsveranstaltung/Elternabend
Weißt du eigentlich, was ich fühle?
Zielgruppe: Eltern, Lehrer und alle »Erzieher«

Multiplikatorenfortbildung
Informieren – Verstehen – Handeln
Zielgruppe: Sozialbetreuer, Ausbilder usw.

Projekt und »Begegnung mit dem Autor«
Weißt du eigentlich, was ich fühle?
Zielgruppe: Schüler (ab Klasse 6/alle Schularten)

Unterrichtsmaterialien
Lesen – Sensibilisieren – Kommunizieren
Zielgruppe: Lehrer, Sozialarbeiter usw.

Lesung
Ein Buch kann eine Brücke sein
Zielgruppe: Jugendliche und Erwachsene

Studientag
Drogen – (k)ein Problem?
Zielgruppe: Lehrer, Erzieher, Sozialarbeiter usw.

Elternseminar
... auch coole Eltern rasten aus!
Zielgruppe: Mütter, Väter und alle an der Erziehung interessierte Personen

Das komplette Konzept incl. Materialien kann angefordert werden unter:

www.schmitt-kilian.de

Infos und Terminvereinbarungen:

schmitt-kilian@onlinehome.de

Songtexte aus dem Rock-Musical »Shit«

(Bei den folgenden Texten handelt es sich um überarbeitete Texte, die dem Buch »Shit – Geschichte einer falschen Freundschaft« von Jörg Schmitt-Kilian [© 1996, Patmos Verlag GmbH & Co. KG, Düsseldorf] entnommen wurden. Abdruck mit freundlicher Genehmigung des Patmos Verlags.)

1.
Lange her, dass ich so hin und her gerissen war,
die Entscheidung fällt mir schwer, nichts ist mir klar.
Werden die anderen lachen, wenn ich sage »NEIN!«?
Was soll ich denn bloß machen? Will doch nur cool sein.
Aber egal, was passiert, meine Neugier besiegt die Angst.
Will endlich wissen, wie es ist, auch wenn du um mich bangst.

2.
Die Luft ist süß und würzig, es stinkt nicht, wie du gesagt hast,
und ob sie mich hier auslachen, danach hast du nie gefragt.
Beim Kiffen musst du kotzen, so hat Vater mich belehrt,
und nach diesem blöden Spruch, dein Glas Bier ex geleert.
Panik, Verbote und Doppelmoral prallen an mir ab,
auch die Panik und die Angst vor dem frühen Grab.

Refrain:
Ich würde gerne mit dir reden, doch Ohnmacht, Angst und Wut
schnüren deine Kehle zu und für ein Gespräch fehlt mir der Mut.

3.
Der Dealer, fremd und unbekannt, der mich zieht in den Dreck,
existiert nur in deiner Phantasie, schiebt Gewissensbisse weg.
»Drogen sind verlogen«, ist das Schlagwort dieser Zeit,
und ich erlebe täglich Doppelmoral und Scheinheiligkeit.

Denn Nikotin und Alkohol haben Platz in eurer Welt,
ihr trinkt auf euer Wohl und verflucht den Rausch, der uns gefällt.
Mein Blick wandert nach oben, wer immer dort thront.
Würde gerne glauben, dass Beten sich auch lohnt.

Refrain:
Lass uns reden! Versuche zu verstehen, Chancen zu sehen,
lass mich an der langen Leine gehen,
lass mich an der langen Leine langsam, aber sicher los,
lass mich los, halt mich fest!!!

Blick in den Spiegel

1.
Wenn ich in einen Spiegel seh,
über Asphalt im Großstadtdschungel geh,
dann fühl ich manchmal, wie ich mich selbst ankotz.
Heroingetränkte Augen blicken nicht mehr klar,
verdrängen, was gewesen war,
und sehen nicht, dass ich krank wurde,
vielleicht aus Trotz?

2.
Ich bin Gefangener in gläserner Welt,
der nach dem Schuss auf Watte fällt
und dieses Glück für kurze Zeit genießt.
Wenn ich aus meinem Rausch erwach,
die Wirkung von dem H lässt nach,
rieche ich den stinkenden Schweiß,
der von meinem Körper fließt.

Refrain:
Ich bin ein Junge, der klaut und betrügt,
über den Tisch zieht, ständig lügt,
ich kann nicht anders, das ist meine Welt.
Wie gerne wäre ich wieder gesund,
fänd das Leben auch ohne H bunt.
Doch ich werde nie mehr sein, wie es euch gefällt.

3.
Mein Kampf, der spielt sich in mir ab,
nehme mein Geheimnis mit ins Grab.
Viel zu früh geh ich durchs letzte Lebenstor.
Die »Besten sterben jung« auf Erden,

schlimmer kann es in der Höll nicht werden,
so stell ich mir die Hölle einfach als Himmel vor.

4.
Was der Stoff mir gibt, wollt ihr wissen?
Eigentlich geht es mir total beschissen,
ihr schnallt es nicht, dass im Kopf die Spritze sitzt,
mit dem Stoff, aus dem die Träume sind,
träum ich, was ich vermisst als Kind.
Im gläsernen Sarg liege ich total verschwitzt.

Refrain:
Ich bin ein Junge, der klaut und betrügt,
über den Tisch zieht, ständig lügt,
ich kann nicht anders, das ist meine Welt.
Wie gerne wäre ich wieder gesund,
fänd das Leben auch ohne H bunt.
Doch ich werde nie mehr sein, wie es euch gefällt.

5.
Mein Körper zittert, kann kaum noch stehn,
die Dunkelheit kommt, jetzt wird es schön,
habe Angst vor dem Erwachen in eurer heilen Welt.
Muss wieder raus aus meinem Versteck,
in den grauen Alltag, der mich erschreckt,
spüre schon die Hitze, es wird heiß, so wie es mir gefällt.

6.
Jetzt kommt er, der Flash, dieses geile Gefühl,
Watte umhüllt mich, ich bin am Ziel,
dieses Gefühl kann ich kaum beschreiben.
In weicher Watte will ich versinken,
glücklich in meiner Scheinwelt ertrinken.
Warum kann der Zustand nicht immer so bleiben?

Refrain:
Ich bin ein Junge, der klaut und lügt,
ein Junge, der Gott und die Welt betrügt,
ich kann nicht anders, das ist meine Welt.
Oh wie gerne wär ich wieder, wie ich war,
mit Lust auf Leben wie noch vor zwei Jahr,
heute ist es nur noch der Stoff, der für mich zählt.

Ich bin ein Junge, der klaut und betrügt,
über den Tisch zieht, ständig lügt,
werd immer sein in einer andren Welt.
Oh wie gerne wär ich wieder, wie ich war,
so könnt ihr mich nicht lieben, das ist mir klar,
ich bin euch fremd, weil euch das alles missfällt.

Früher

Zu Hause gab es öfters Zoff, verstanden fühlte ich mich nie,
mich zu verstehen, versprach der Stoff und zwang mich in die Knie.
Conny versprach: »Es ist echt geil, du rauchst dir deine eigene Welt,
die dich pusht, richtig steil, kiff, solang es dir gefällt!«

Der erste Joint war echt brutal, ganz anders als der Alk,
ich dachte, alles sei so banal, und jetzt rieselt leise mein Kalk.
In letzter Zeit vergesse ich viel, was um mich herum geschieht,
brauche keinen Weg, denn ich habe kein Ziel, denke oft an Suizid.

Ich wollte frei und glücklich sein, jetzt habe ich riesigen Schiss,
sehe mich in Bildern winzig klein, und alles andere groß und mies.
Zieht mich aus dem Strudel raus, ich versinke in dem Sog.
Und weint euch nicht die Augen aus, schimpft nicht auf Conny, der mich betrog.

Der Dealer war mein bester Freund, doch es war mein Entschluss allein,
mich zwang keiner, wie ihr meint, keiner warf mir was ins Colaglas hinein.
Ich selbst bin es, der entschieden hat, heute erst weiß ich, warum.
Die Drogen setzten mich »schachmatt«, sie machten mich schwach und stumm.

Mutter, dir fällt es sehr schwer, zu sehen, was mit mir passiert,
Vater, wenn es so einfach wär, Prost, du hast noch nichts kapiert.
Jeder weiß, dass es Drogen gibt, aber daraus allein entsteht keine Sucht,
ich weiß, dass ihr mich wirklich liebt, doch als ich kiffte, habt ihr mich verflucht.

Mutter hat niemals gefragt, wozu ich ihn brauche, den Stoff.
Vater hat nur gesagt: »Wenn du kiffst, dann gibt es hier Zoff!«
Für mich ist es zu spät, ich komm nicht mehr raus aus diesem Labyrinth,
ich werf ihn ein, wie ihr den Alk zu Haus, den Stoff, aus dem meine Träume sind.

Drogen-Glossar

Die hier genannten Begriffe sind nur ein kleiner Auszug aus der »Drogenszenen-Fachsprache«.

ablinken	täuschen, betrügen
Affen schieben, einen	Entzugserscheinungen haben
anturnen	sich in einen Rausch versetzen
Bad Trip	schlechtes Gefühl nach LSD-Konsum
ballern (rein-)	Drogen konsumieren (fixen)
Besteck	Utensilien zum Spritzen
blowen	Inhalieren von Drogen (Heroin)
breit sein	unter Drogeneinfluss (Haschisch) stehen
Briefchen	Konsumportion einer pulvrigen Substanz
Bunker	Drogenaufbewahrungsort
bunkern	Drogenvorrat anlegen
Cash	Drogen nur gegen Bargeld erhalten
chinesen	Heroinrauch einatmen (blowen)
clean sein	nicht unter Drogeneinfluss sein
Cocktail	Mischung aus Heroin und Kokain
Cold Turkey	kalter Entzug (ohne Medikamente)

Connection	gute Verbindungen und Beziehungen in der Drogenszene
Cut	Strecksubstanzen, Verschnitt
dealen	mit Drogen handeln
dicht machen	einen Rauschzustand bewusst herbeiführen
Dope	Drogen, meist Haschisch
downen	nach dem Pushen wieder ruhiger werden
drauf sein	abhängig sein
Drobs	Drogenberatungsstelle
drücken	Droge spritzen/meist Heroin
durchziehen	einen Joint (Haschisch) rauchen
einschmeißen	Pillen konsumieren
einwerfen	einen LSD-Trip konsumieren
Fixe	Injektionsspritze
fixen	injizieren
Fixer	Konsument, der Drogen injiziert
Flash	lustbetonte Welle nach Heroinkonsum
Flash-back	Echorausch ohne Drogeneinnahme
Flattermann	Entzugserscheinungen
Goldener Schuss	tödliche Überdosis, meist H
Gras	Marihuana
Grüner Türke	Haschischsorte
Gun	Spritze, Fixe

H (Eitsch)	Heroin
Halluzinogene	Drogen, die Halluzinationen hervorrufen
Heu	Marihuana
high sein	Befinden unter Drogeneinfluss
Hit	Konsum-Portion
Horrortrip	Massive Angstzustände und Verfolgungswahn
Joint	Haschischzigarette, Kelchform
Junkie	Heroinabhängiger
Ki	1 Kilogramm
kiffen	Haschisch rauchen
Kiffer	Dauerkonsument von Cannabisprodukten
knallen	Droge spritzen/meist Heroin
Koks	Kokain
Kommi	Droge auf Kommission erhalten
Linie ziehen	Kokainpulver zum Konsum vorbereiten
Linke	Täuschung, Betrug, Überfall, Raub
Nadel	Spritze, Fixe
Needle-sharing	wechselseitige Benutzung von Spritzen
Pac	Konsumportion Heroin/ Pulversubstanz
Pappe	LSD-Trip auf perforiertem Papier

Piece	Konsumportion Haschisch
Polamidon	L-Polamidon, Substitutionsmittel Methadon
polytoxikoman	mehrfachabhängig
Pumpe	Spritze, Fixe
pushen	aufputschen (Gegenteil: downen)
Rauchpiece	Konsumportion Haschisch
Reefer	Marihuanazigarette
reindrücken	Drogen injizieren
Reise	LSD-Trip, Rauschzustand
runterkommen	Nachlassen des Rauschzustands
schießen	Droge injizieren
Schnee	Kokain
Schuss	Injektion
Shillum	Haschischrauchgerät, kelchförmige Pfeife
Shit	Haschisch
Shore	Stoff (im Milieu auch Diebesgut)
sniefen	Konsum von pulvrigen Drogen
Speed	Aufputschmittel, Amphetamine
Stoff	Rauschmittel
stoned	berauscht sein
strecken	eine Droge mit andern Substanzen mischen
Szene	Drogenmilieu, Treffpunkt
THC	Wirkstoffgehalt in Cannabisprodukten
ticken	verticken, Drogen verkaufen
Trip	Reise, LSD-Rausch

Turkey	Drogenentzug (auf Turkey sein)
turnen, anturnen	in einen Rausch versetzen
Tüte	Joint (Haschisch)
User	Drogenkonsument
Verschnitt	Substanz zum Strecken einer Droge
ziehen (durchziehen)	einen Joint rauchen
zu sein	berauscht sein

Triathlon-Info

Der Ursprung dieser extremen Sportart geht vermutlich auf eine Wette unter Angehörigen der US-Army im Jahr 1977 zurück. Einige GIs glaubten, dass die bis dato bekannten Veranstaltungen (4 km Waikiki-Brandungsschwimmen, 180 km Oahu-Radrennen und der Honolulu-Marathonlauf) die härtesten Wettkampfbedingungen für Ausdauersportler darstellten. So kam die Idee auf, alle drei Wettbewerbe an einem Tag zu absolvieren (3800 m Schwimmen, 180 km Radfahren, 42,195 km Laufen).

Mit dieser neuen Kombination verschiedener Sportarten begaben sich die Veranstalter auf ein bislang unbekanntes Terrain. Sportler, die diese extremen Leistungen erbringen konnten, waren zum damaligen Zeitpunkt die Ausnahme. Ihnen wurde ein extrem hohes Maß an Ausdauer, Kraft und Schnelligkeit abverlangt. Nur mit einer äußerst hohen Trainingsbelastung und insbesondere einer vielseitigen Begabung konnten sie diesen Wettkampf überhaupt durchhalten.

Mittlerweile ist Triathlon ein wichtiger Bestandteil der internationalen Sportszene.

Im Wettkampf unterscheidet man in der Regel zwischen Kurzdistanz (olympische Distanz) und Langdistanz.

In der Kurzdistanz (1,5 km Schwimmen, 40 km Radfahren, 10 km Laufen) kämpfen Triathleten in den unterschiedlichsten Leistungsklassen bis hin zur Bundesliga. Bei der Olympiade in Sydney/Australien im Jahre 2000 wurde sie olympische Disziplin. Die immer noch junge Sportart wird seit dieser Zeit auch in Deutschland mit zunehmendem Interesse wahrgenommen.

Trotzdem ist die Langdistanz (3,8 km Schwimmen, 180 km Radfahren, 42,195 km Laufen, d. h. Marathondistanz) als Königsdisziplin das erstrebenswerteste Ziel aller Triathleten.

Wegen der großen sportlichen Leistungen jedes Teilnehmers sind die großen Rennen ein ausgesprochener Publikumsmagnet. Beim Ironman in Roth feuern – selbst bei regnerischem und nasskaltem Wetter – meist über 100 000 Zuschauer die Athleten an.

Triathlon erfreut sich nicht nur unter Ausdauersportlern und Zuschauern zunehmender Beliebtheit, sondern auch in den Medien. Kraft, Ausdauer, Schnelligkeit, psychische und physische Härte fordern vom Sportler den letzten Einsatz. Athleten, die in diesem Sportbereich tätig sind, werden wegen ihres selbstbewussten und überzeugenden Auftretens geschätzt. Da Extremsportler dieser immer noch ein wenig ungewöhnlichen Sportart Zielgruppen aller Altersgruppen ansprechen, sind sie auch als Werbeträger für die unterschiedlichsten Produkte der Sponsoren interessant.

Sportliche Erfolge

1997
7. Platz: *Nizza*
5. Platz: *Roth*
1. Platz: *Mallorca*
17. Platz: *Hawaii*

1998
1. Platz: *Buschhütten*
2. Platz: *Bonn*
1. Platz: *Antwerpen*
3. Platz: *Roth*

1999
3. Platz: *Neuseeland*
1. Platz: *Buschhütten*
3. Platz: *Roth*
1. Platz: *Mallorca*
14. Platz: *Hawaii*

2000
3. Platz: *Roth*
3. Platz: *Bonn*
1. Platz: *Mallorca*
7. Platz: *Florida*

2001
2. Platz: *Roth*
7. Platz: *Hawaii*

2002
4. Platz: *Roth*
2. Platz: *Florida*

2003/2004
Nominierung für die Weltmeisterschaft auf Ibiza, aber verletzungsbedingt keine Wettkampfteilnahme

Kontakt und Infos über

www.andreas-niedrig.com

Danksagung von Andreas Niedrig

In den letzten Jahren habe ich viele neue Freunde gefunden und liebe Menschen kennengelernt, mit deren Hilfe wir ein neues Leben beginnen konnten. In meinem Herzen wird immer ein Platz für euch sein, und ihr könnt auch auf meine Hilfe bauen, wann immer ihr sie braucht.

Eure Unterstützung war unsere Chance, ein neues Leben zu beginnen, und ich bin fest davon überzeugt, dass jeder Mensch eine zweite Chance verdient hat.

Diese zweite Chance hast auch du mir gegeben, Sabine. Ich danke dir. Du hast immer an mich geglaubt und zu mir gehalten: in guten und in schlechten Zeiten. Ich werde alles tun, damit wir künftig mehr gute und ruhige Zeiten miteinander verbringen, doch werden die ruhigen Tage noch etwas warten müssen. Ich liebe dich und freue mich darauf, mit dir alt zu werden.

Meine kleine, liebe, große Jana! 18 Jahre bist du schon und ich bin so stolz auf dich. Ich wünsche dir viel Spaß in deinem Leben. Genieße jeden Sonnenaufgang, als wäre er dein erster!

Lieber Lorenz, du kleine Frohnatur! Gehe weiterhin so strahlend durchs Leben wie in deinen ersten neun Lebensjahren!

Mama, du musstest bei uns Niedrigs so lange warten, bis etwas Ruhe in unser Leben kam. Dabei hast du mehr Ausdauer und Kraft bewiesen, als ich mir jemals antrainieren könnte.

Meinem lieben Vater danke ich, dass er mir gezeigt hat, wie man auch in schweren Lebenssituationen noch ganz Großes leisten kann, und der immer an mich geglaubt hat.

Conny, du bist heute ein Medienstar und eine Marathonläuferin, aber für mich bist Du mehr, meine große Schwester.

Kleine, große schlaue Alina: Bleib so, wie du bist, so finde ich dich einfach toll. Du sollst in deinem Leben viele Menschen finden, die dich mögen.

Lieber Schwager, auch dir wünsche ich Durchhaltevermögen für das Erreichen deiner Ziele.

Lieber Peter, aufzuzählen, was du alles für mich getan hast, würde den Rahmen sprengen, deshalb begrenze ich mich auf das Notwendigste: Es ist schön, dass es dich gibt.
 Dido und deinen beiden wunderbaren Kindern Constantin und Leander wünsche ich nur das Allerbeste.

Sponsoren hat man in Zeiten, in denen es einem gut geht und man diese präsentieren kann. Du, Thomas, hast gerade in den weniger guten Zeiten zu mir gestanden und mir gezeigt, dass ein Sponsor auch ein Freund sein kann. Ich wünsche dir und deiner Familie alles erdenklich Gute.

Vielen Dank an Frau Arndt und dem gesamten Team der Firma Arndt.

Christine, Georg, Paul, Joana und der kleine Wirbelwind Leon sind ein wichtiger Teil unseres Lebens geworden, sie sind Freunde, die man nicht oft im Leben findet.

Unsere Herbergsfamilie in Roth mit Astrid, Udo, Leo, Ida, Edeltraut und Jo mussten so einige Wettkampflaunen von mir ertragen und haben dies mit Humor und großer Freundschaft gemeistert.

Danke an alle Fans, die ihr mich über die Jahre unterstützt habt. Ohne euch hätte ich meine sportlichen Leistungen so nicht geschafft.

Lieber Gerd, liebe Rita und lieber Roman: Mit dem Triathlon-Fachgeschäft Rückenwind habt ihr euren Lebenstraum Wirklichkeit werden lassen. In meinen sportlichen Anfängen wart ihr für mich da und seid heute Freunde, die ich nicht missen möchte.

Gesundheit, Zufriedenheit sowie Glück wünsche ich dir, liebe Gitta, lieber Rainer und lieber Bastian.
Vielen Dank für alles.

Allen meinen Sponsoren gebührt ein großes Dankeschön. Ich würde mir wünschen, dass meine Sponsoren auch weiterhin junge Talente des Triathlon-Sports unterstützen. Denn dieser, unser, Sport hat es verdient, noch mehr Anerkennung zu bekommen.

Ich möchte mich aber auch bei denen bedanken, die anderen Menschen in Ausnahmesituationen zur Seite stehen und diesen die Hoffnung geben, die uns als Familie gegeben wurde, um ein neues, besseres Leben anfangen zu können.
Denn jeder Mensch hat eine zweite Chance verdient.

Andreas Niedrig, im Januar 2007
(kurz vor dem Abflug nach Lanzarote)

Die erfolgreiche Spiegel-Online- Kolumne als Buch

»*Achim Achilles ist ein Kämpfer, ein stiller Held des Alltags, ein Gebrauchsphilosoph. Auf kleinen Läufen durchdenkt er die ganz großen Probleme der Menschheit.*«
Rundfunk Berlin-Brandenburg

»*Sehnen lügen nicht.*« **Achim Achilles**

»*Achilles' Verse sollte es auf Krankenschein geben.*"
René Hiepen, ZDF-Moderator und Marathon-Läufer

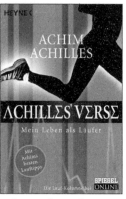

Achim Achilles
Achilles` Verse
Mein Leben als Läufer
978-3-453-60034-8

Achim Achilles
Achilles` Laufberater
Trainig, Idealgewicht,
Gesundheit, Motivation ?–
Antworten auf alle Läufer-
Fragen
978-3-453-60055-3

978-3-453-60034-8